Je débute à la Pêche

Ouvrage collectif
créé par Losange

Direction éditoriale
Hervé Chaumeton
Nicolas Ragonneau

Coordination éditoriale
Sophie Jutier

PAO
Nathalie Lachaud
Jean-François Laurent

Photogravure
Stéphanie Henry
Véronique Janvier
Chantal Mialon

L'auteur et toute l'équipe éditoriale remercient
chaleureusement Daïwa France, Dam France, Garbolino, Mitchell,
Sensas et Ragot, qui ont participé à l'élaboration de l'ouvrage.

ISBN : 2-84550-020-3
N° d'éditeur : 84550
Dépôt légal : mars 2000

Achevé d'imprimer : février 2000
Imprimé en France par Clerc S.A. - 18200 Saint-Amand

Pêche

Je débute à la Pêche

Patrick Guillotte
Pascal Lehérissier
Didier Ducloux
Pascal Durantel

éditions proxima

Sommaire

Avant-propos

Pêcher à la ligne ne se résume pas au simple acte de prédation qui consiste à mettre un poisson dans l'épuisette, après avoir usé de toutes les ruses pour tromper sa vigilance. Certes, le plaisir est grand de savoir déjouer les astuces de l'adversaire, grâce à des tactiques appropriées, savamment élaborées. Hélas, aujourd'hui, la pratique de ce qui reste et demeurera toujours beaucoup plus qu'un simple loisir mais un véritable art de vivre se résume trop souvent à ces brillantes démonstrations ne visant qu'un seul but : « prendre », « mettre au sec, au panier ou dans la bourriche » quand il ne s'agit pas, en termes vulgaires, de « casser du poisson ».

La philosophie de la pêche va beaucoup plus loin, et c'est le message que notre équipe souhaite vous apporter. La pêche, c'est d'abord et avant tout une grande histoire d'amour. Amour de l'eau, de la faune et de la flore qui en dépendent. « S'il n'aime pas d'amour les eaux, toutes

les eaux, s'il n'a pas foi en ses gestes, s'il ne déborde pas de sympathie pour son ami le poisson, son seul et vrai compagnon de pêche, le pêcheur ne pêche pas vraiment. Il prend du poisson avec un fil alors qu'il devrait le prendre avec son cœur. » Ces belles phrases de l'écrivain René Fallet résument bien le message que nous souhaitons faire passer à nos jeunes lecteurs. Vous qui souhaitez devenir de vrais, de bons pêcheurs, apprenez d'abord à comprendre le fonctionnement complexe des écosystèmes aquatiques. Vous apprendrez alors logiquement à aimer, à respecter des milieux originaux et uniques tout en en mesurant l'extrême fragilité. Et vous vous positionnerez ainsi non pas en prédateur exclusif, mais en défenseur d'une nature en danger. Nous vous laissons partir à la découverte d'un univers merveilleux, qui vous offrira parmi les meilleurs instants de votre existence. Et comme le soulignait un certain général américain, le général Mac Arthur, grâce à la pêche sans aucun doute, « vous resterez jeunes tant que vous resterez réceptifs. Ouverts à ce qui est beau, bon et grand. Ouverts aux messages de la nature, de l'homme et de l'infini ».

Reconnaître les poissons

La clé d'identification proposée pour la reconnaissance des espèces n'est pas une clé scientifique. Elle repose avant tout sur des critères aisément observables par les amateurs et se veut surtout pratique pour l'utilisateur. En conséquence, elle n'est pas dans l'ordre de l'ouvrage.

PÉTROMYZONIDÉS
(lamproie)

Corps serpentiforme (a). Pas de mâchoires. Bouche entourée d'un disque en forme de ventouse garnie de dents (b). Pas de nageoires paires. Sept orifices branchiaux alignés de part et d'autre, à l'arrière de la tête.

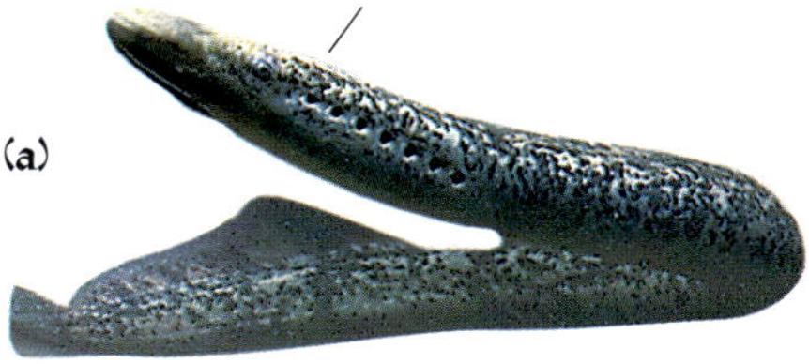

(a)

(b)

ACIPENSÉRIDÉS
(esturgeon, sterlet)

Corps sans écailles, présentant des plaques ou des écussons osseux.

• Poissons de grande taille. Flancs présentant 5 grandes plaques osseuses. Nageoire caudale hétérocerque à lobe supérieur plus développé que l'inférieur. Museau allongé en forme de bec. Barbillons implantés sous la mâchoire inférieure, à l'aplomb des narines ou en avant.

GASTÉROSTÉIDÉS
(épinoche)

• Poissons de petite taille. Flancs présentant des plaques ou de petits écussons osseux. Première nageoire dorsale réduite à des épines.

Poissons à écailles minuscules ou absentes, recouvertes d'un abondant mucus. Corps allongé ou serpentiforme à nageoire caudale unilobée arrondie.

• Corps serpentiforme. Pas de pelviennes. Pas de barbillons. Nageoires dorsale, caudale et anale en continuité. Opercules petits. Tête conique.

ANGUILLIDÉS
(anguille)

• Tête aplatie. Six barbillons dont 4 inférieurs courts et 2 supérieurs très longs (a). Dorsale très réduite. Anale très longue, rejoignant la caudale. Pectorales en éventail.

SILURIDÉS
(silure)

(a)

• Tête aplatie. Huit barbillons dont 4 inférieurs et 2 supérieurs courts, plus 2 latéraux très longs. Pectorales et dorsale soutenues par un premier rayon dur très pointu (piquant). Seconde dorsale adipeuse. Anale ne rejoignant pas la caudale.

ICTALURIDÉS
(poisson-chat)

GADIDÉS
(lote)

• Tête conique. Pelviennes au niveau des pectorales. Un barbillon sous la mâchoire inférieure (a). Dorsale et anale très étendues, rejoignant presque la caudale.

(a)

COBITIDÉS
(loche)

• Bouche petite, infère, entourée de 6 à 10 barbillons courts. Nageoire dorsale peu développée. Pectorales en position presque ventrale. Flancs marqués de taches ou de bandes.

BLENNIIDÉS
(blennie)

• Nageoire dorsale très étendue, de la tête à la caudale. Protubérance charnue au-dessus de l'œil. Pectorales très développées, en éventail.

Petits poissons au corps assez élancé, à écailles visibles ; nageoire caudale unilobée à bord postérieur arrondi.

PŒCILIIDÉS
(gambusie)

• Corps élancé. Ventre brusquement rétréci avant la nageoire anale, très développée, transformée en organe copulateur chez le mâle. Dorsale reculée, en arrière de l'aplomb de l'anale. Tête fine à bouche tournée vers le haut. Grands yeux noirs cerclés de bleu.

Mâle

Femelle

Poissons à écailles visibles. Nageoires paires développées, sans spécialisation. Pas de caudale unilobée arrondie. Pas d'anale très étendue.

• Corps comprimé latéralement. Grandes écailles peu adhérentes. Pas de ligne latérale. Encoche sur la mâchoire supérieure.

CLUPÉIDÉS
(alose)

• Écailles petites. Corps fusiforme. Nageoire adipeuse. Flancs ponctués. Nageoire caudale large, au bord postérieur droit ou peu échancré.

SALMONIDÉS
(saumon, truite)

Saumon

Truite

• Écailles assez grandes, argentées à reflets bruns ou gris foncé. Points noirs, ronds, de petite taille, plus ou moins alignés. Petite bouche. Œil en goutte d'eau. Grande nageoire dorsale à reflets rouges, violets ou bleutés.

THYMALLIDÉS
(ombre commun)

ÉSOCIDÉS
(brochet)

• Corps très allongé. Tête aplatie. Mâchoire supérieure allongée, en bec de canard. Gueule largement fendue, garnie de dents acérées. Nageoire dorsale très reculée, à l'aplomb de l'anale.

CYPRINIDÉS

• Écailles nettement visibles. Nageoires paires et impaires sans modification particulière. Pas d'adipeuse. Caudale plus ou moins échancrée. Bouche assez petite. Tête conique.

Cyprinidés 1
(Type gardon, chevesne, ablette)

– Pas de barbillons, écailles argentées, brillantes, coloration uniforme.

Gardon

Chevesne

Ablette

Cyprinidés 2
(Type carpe, barbeau)

– Présence de barbillons, toujours en nombre inférieur à 5.

Barbeau

Carpe

Cyprinidés 3
(Type vairon, goujon)

– Flancs marqués de taches ou de losanges, brun à vert.

Vairon

Goujon

PERCIDÉS
(perche, sandre)

• Deux nageoires dorsales, contiguës, la première soutenue par des rayons épineux. Écailles rugueuses. Flancs marqués de zébrures, marbrures ou taches. Caudale échancrée.

Sandre

Perche

CENTRARCHIDÉS
(black-bass)

• Deux nageoires dorsales, contiguës, la première soutenue par des rayons épineux. Caudale unilobe, à bord postérieur légèrement arrondi, opercule spatulé.

Notions de base

Les écosystèmes aquatiques constituent des ensembles complexes, comportant d'innombrables interactions. Chaque être vivant dépend de l'autre, l'algue microscopique étant consommée par le plancton animal, lui-même par les insectes qui sont à leur tour dévorés par les poissons… Ces pyramides alimentaires ainsi créées dépendent d'un élément fondamental : l'élément liquide qui les entoure. Partons à la découverte d'un univers inconnu, la face cachée d'un miroir où se dissimulent tant de secrets !

Les milieux aquatiques

Peu d'éléments revêtent autant de visages. L'eau peut se montrer câline quand elle étire ses méandres paresseux, mais elle peut aussi être un torrent furieux qui dévale les pentes escarpées d'une montagne ! Selon les cas, on observera un cortège de plantes et d'animaux adaptés aux conditions imposées par le milieu.

Le ruisseau

Il peut présenter bien des aspects différents selon le relief, l'altitude et les régions.

Le ruisseau boisé est typique des régions de bocage ou des massifs forestiers de moyenne montagne. C'est ici le royaume de la truite fario, mais on peut également rencontrer quelques cyprinidés d'eau vive comme le chevesne, le vairon ou le goujon notamment. La prospection est souvent difficile en raison de l'épaisse végétation des berges, mais les branchages forment fréquemment une voûte au-dessus de l'eau, entretenant des zones d'ombre. Ce phénomène a l'avantage d'offrir des instants propices à la pêche, y compris durant les heures les plus chaudes de la journée. Les bons postes sont avant tout les virages creusés et les berges encavées, garnis de racines baignantes. Mais on peut aussi prospecter l'aval des petites chutes ou de tout obstacle tels qu'une souche ou un bloc rocheux barrant la veine d'eau principale.

La seconde grande catégorie de ruisseau est le ruisseau de plateau, très sinueux, qui étire nonchalamment ses méandres sur de vastes étendues rases. Les berges, généralement dépourvues de végétation, rendent toutefois difficile l'approche des postes, car masquer sa silhouette ou sa progression n'est pas dans ce cas précis une mince affaire. Le poste typique des lieux est le virage profondément encavé, notamment en début de saison, ou le remous formé à l'aval d'une petite chute. Toutefois, à l'arrivée des beaux jours et quand la température de l'eau augmente, les poissons, en quête d'oxygène, peuvent abandonner les sous-berges pour s'en aller

Typiquement un ruisseau de plateau, fréquent sur les hauteurs du Massif central (plateaux d'Aubrac, de Millevaches, du Cézallier). Un courant lent, sinueux, des berges profondes, et un paysage de rêve où la bruyère illumine de ses fleurs mauves les tapis spongieux des tourbières.

chasser parmi les herbiers situés au beau milieu du lit. La plupart des ruisseaux et ruisselets correspondent à des « têtes du bassin » qu'il convient de préserver, car ils offrent les meilleures zones de frayère aux truites. Et dans un même ordre d'idée, il faudra aussi bien sûr limiter les prélèvements sur ces secteurs fragiles !

La rivière

Dès que le courant du torrent s'assagit, que le ruisseau, alimenté par de nombreux tributaires, voit ses débits augmenter, le cours d'eau se transforme progressivement en rivière de moyenne montagne, caractérisée par des courants encore vifs et bien oxygénés.
La truite est toujours omniprésente, mais elle est accompagnée de bien d'autres poissons, dont l'ombre, ainsi que plusieurs cyprinidés d'eau vive tels que le chevesne, la vandoise, le goujon et l'ablette.
Ce profil de rivière compte parmi les plus riches en invertébrés aquatiques, notamment en insectes où tous les grands ordres sont représentés : éphéméroptères, plécoptères, trichoptères, diptères...
Peu à peu, le cours d'eau s'assagit, bien que les eaux demeurent toujours assez rapides et fraîches. On observe encore de puissants courants, de sombres remous, des radiers et des « plats » précèdent quelques rapides, où se développent de nombreux herbiers. Le fond, de sable ou de galet, offre un refuge de choix à un autre cyprinidé d'eau vive, le barbeau, « marqueur » de cette zone qui correspond par exemple aux gorges du Tarn, de l'Ardèche ou de l'Hérault.
Puis le relief s'aplanit et la rivière pénètre en plaine. Sinueuse, elle s'écoule sagement au milieu d'innombrables bancs de sable découverts en période d'étiage (basses eaux).
Les cours moyens et inférieurs de l'Allier ou de la Loire offrent le profil typique de cette rivière de plaine, correspondant à la zone dite à brème.

La rivière de moyenne montagne, domaine privilégié de la truite et de l'ombre. Les eaux sont de bonne qualité, fraîches et bien oxygénées.

Le canal

Dans certaines régions – c'est le cas du Nord, notamment –, les canaux, nombreux, sont parfois les seuls lieux intéressants où peut se rendre le pêcheur. Les plus poissonneux sans doute sont les canaux désaffectés, où les ceintures végétales de bordure, qui se sont bien développées, offrent de nombreux postes aux poissons. Ces derniers dans de tels lieux apparemment monotones apprécient aussi les ruptures de pente (les « marches ») quand elles existent, et l'été surtout, l'aval des écluses où l'eau, brassée, est bien oxygénée. Le peuplement piscicole d'un canal est sensiblement identique à celui observé dans le cours inférieur des rivières (zone à brème). Carnassiers et cyprinidés d'eaux calmes fréquentent les lieux, patrouillant sous les nénuphars et parmi les tiges de joncs qui se développent en bordure. L'été, en quête de fraîcheur, outre l'aval des écluses, les poissons se tiennent à l'ombre des peupliers, les poissons blancs venant volontiers en surface cueillir les boules cotonneuses issues des arbres !
Le canal est le domaine privilégié du pêcheur au coup. Les spécialistes des départements du Nord ont d'ailleurs mis au point des techniques sophistiquées, comme la « pêche à la bolognaise », qui utilise en tête de scion un élastique amortisseur destiné à contrer les ruades des belles prises. De très nombreux champions internationaux de pêche au coup sont d'ailleurs originaires du « plat pays » où les canaux sont omniprésents.

Le canal, indissociable des paysages du nord de la France. Ses eaux calmes, parfois envahies de végétation quand il est désaffecté, sont peuplées de brochets et de poissons blancs.

L'étang

L'étang et ses ceintures végétales de bordure offre un biotope de choix pour une foule d'insectes, de poissons et d'oiseaux.

Voici l'un des milieux les plus riches que l'on puisse observer. L'étang est le domaine privilégié des carnassiers et de très nombreux poissons blancs, en particulier la carpe, le gardon, la tanche ou la brème. Les scientifiques donnent une définition un peu ambiguë de l'étang, afin de le différencier du lac : il s'agit d'un « lac » peu profond pouvant être colonisé sur toute son étendue par des végétaux s'enracinant sur le fond. Le flux lumineux peut pénétrer jusqu'au fond et la température ne varie guère sur toute la hauteur de la colonne d'eau.
Toutes ces caractéristiques physiques expliquent la richesse du milieu en plancton animal et végétal, en insectes, en mollusques, en crustacés... Les insectes sont particulièrement bien représentés avec des ordres inconnus dans la plupart des autres milieux précités : les coléoptères, représentés par la féroce dytique par exemple, les diptères (le célèbre ver de vase), les hétéroptères (le gerris ou araignée d'eau, la nèpe, la notonecte), les odonates (libellules)...
La diversité même du milieu explique le nombre de postes incalculable que l'on peut y prospecter. L'hiver, les carnassiers en particulier patrouillent plutôt en eau profonde, face à la « bonde ». Ils se tiennent alors aussi volontiers sous la chaussée de l'étang, surtout quand cette dernière est plantée d'arbres dont les racines sont baignantes. Dès l'arrivée des beaux jours, poissons blancs et carnassiers rejoignent les abords des îles et tous les endroits riches en végétation : queue d'étang, roselières, ceintures de nénuphars. Tous les obstacles immergés (arbres coulés), mais aussi la proximité des embarcadères, offrent d'excellents postes.

Les lacs

Il existe plusieurs catégories et nous débuterons par le grand lac naturel, de type Léman, voire lac de cratère comme celui du Pavin en Auvergne. À l'inverse de l'étang, le lac, profond, ne peut être colonisé par la végétation sur toute son étendue. Compte tenu de la hauteur de sa colonne d'eau, il subit deux « brassages » par an, au printemps et à l'automne, les eaux du fond remontant à la surface et inversement. Ici, la principale difficulté consistera à localiser les postes et, souvent, l'usage d'une embarcation sera préférable.

Le lac de barrage, quant à lui, est surtout connu des pêcheurs de carpes et de carnassiers. L'accès à ces plans d'eau, souvent au fond de gorges escarpées, est très difficile à partir des rives ; mieux vaut donc prendre une embarcation pour prospecter les bons postes. Sandres et brochets abondent dans ces milieux ainsi que de spectaculaires bancs de perches.

Dans tous les cas, que ce soit en grand lac naturel ou en lac de barrage, les meilleurs postes sont observés au niveau des arrivées de tributaires, des ruptures de pente, et à proximité de tous les obstacles immergés, tels que les arbres morts ou les éboulis rocheux.

Les retenues artificielles ont eu sans doute pour seul mérite de favoriser l'explosion des populations de carnassiers.

Biologie et alimentation

Tous les poissons possèdent des adaptations étonnantes qui leur permettent de coloniser la plupart des milieux aquatiques. Ils assimilent l'oxygène dissous dans l'eau grâce à des branchies. Leur corps fusiforme protégé par une écaillure, de puissantes nageoires leur permettent d'évoluer avec aisance dans l'élément liquide où ils savent faire preuve d'un étonnant opportunisme alimentaire.

La morphologie des poissons

• Le corps

L'extrême variété des formes du corps des poissons est en relation avec leurs aptitudes natatoires et leur mode de vie. Ainsi, une anguille nage en ondulant de tout son corps et se faufile sans difficulté dans les moindres anfractuosités rocheuses grâce à sa morphologie.
Les poissons fusiformes, comme la truite ou le saumon, pratiquent quant à eux une nage très rapide, pouvant dépasser 8 à 10 km à l'heure.
Certains poissons sont assez endurants et peuvent maintenir sur plu-

Le corps fusiforme de la truite lui permet de nager très rapidement.

sieurs dizaines de mètres leur vitesse maximale. C'est le cas de la perche, du sandre ou de la truite. D'autres, comme le brochet, atteignent très rapidement leur vitesse maximale mais sont incapables de la conserver longtemps.
Si les performances natatoires dépendent largement du profil du corps, la forme et le développement des nageoires jouent également un rôle prépondérant. En général, les poissons les plus rapides possèdent un corps au profil fuselé.

La ligne latérale, bien visible chez cette ablette, correspond à une rangée d'écailles percées de pores.

• Les écailles

Les écailles des poissons d'eau douce s'implantent profondément dans le derme. Elles assurent une fonction de protection, jouent un rôle dans l'hydrodynamisme et constituent une réserve minérale.
Leur taille, leur nombre (que l'on compte le long de la ligne latérale) ainsi que leur forme sont caractéristiques et constituent des éléments d'identification des poissons.
La plupart des poissons d'eau douce appartiennent aux téléostéens, groupe qui possède des écailles souples qualifiées d'élasmoïdes.
Si la cuirasse d'écailles qui entoure les poissons les protège de certaines agressions, elle n'est pas du tout imperméable aux substances chimiques, et des échanges constants se réalisent au travers de cette barrière. Ces écailles sont protégées par une sécrétion muqueuse plus ou moins épaisse. Ce mucus possède des propriétés antibiotiques et protège le poisson contre les infections cutanées.

Les écailles élasmoïdes

Les écailles élasmoïdes s'accroissent irrégulièrement par adjonction de nouvelles couches concentriques. Ainsi, lorsque la nourriture est abondante, la croissance rapide se traduit par l'apparition d'une zone large qui correspond au printemps ou à l'été. Alors que, durant l'hiver, c'est une zone étroite qui apparaît. On observe donc des cernes successifs qui permettent de déterminer l'âge du poisson que l'on aura capturé.

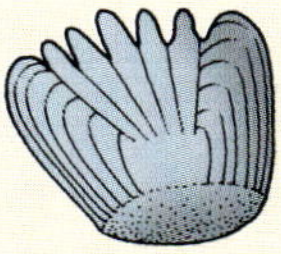

Écaille cténoïde (perche)

Écaille cténoïde (sandre)

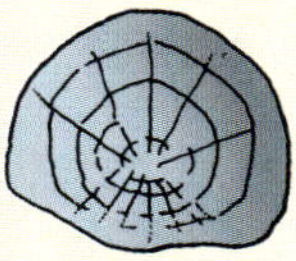

Écaille cycloïde (gardon)

Pas de dents acérées pour le black-bass, mais un « four » impressionnant.

La tête

Généralement conique, plus ou moins massive, elle porte une bouche dont la forme et la taille sont en rapport direct avec le régime alimentaire. Les prédateurs et les chasseurs actifs comme le brochet, le sandre, le black-bass... possèdent une gueule de grande taille.

Les mâchoires de ces prédateurs présentent souvent des dents acérées comme les véritables canines qui « équipent » la mâchoire supérieure du sandre ou encore les dents très coupantes du brochet.

Certaines espèces ne possèdent pas de dents au sens propre mais leurs mâchoires sont dotées de véritables râpes, capables de broyer des graines ou des coquilles de mollusques. C'est le cas du silure.

Les poissons végétariens ou omnivores ne possèdent généralement pas de dents sur les mâchoires, comme pour les cyprinidés. Mais on trouve chez eux des formations osseuses disposées au niveau du pharynx et leur permettant de broyer leurs aliments. On appelle ces formations les dents pharyngiennes.

La position et l'orientation de la bouche fournissent aussi des indications sur le comportement alimentaire des poissons.

De nombreuses espèces se nourrissant près du fond ou raclant le substrat possèdent une bouche nettement tournée vers le bas. Les poissons moucheurs, comme l'ablette, montrent parfois une bouche oblique, tournée vers le haut.

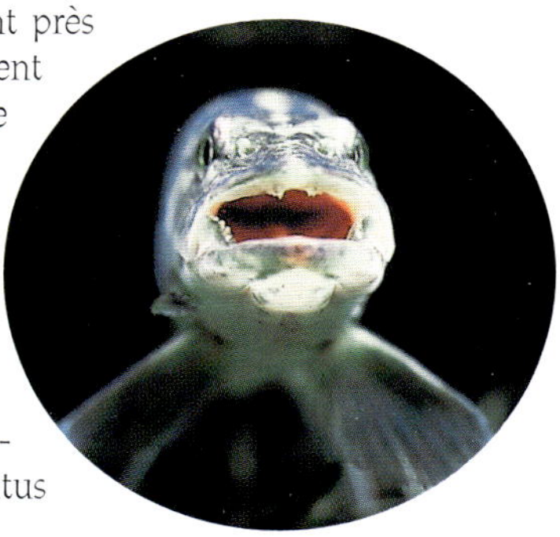

Les joues des poissons se situent sur les opercules qui recouvrent et protègent les branchies. Ces opercules portent parfois des prolongements pointus ou présentent des rebords coupants.

Formes diverses de la caudale

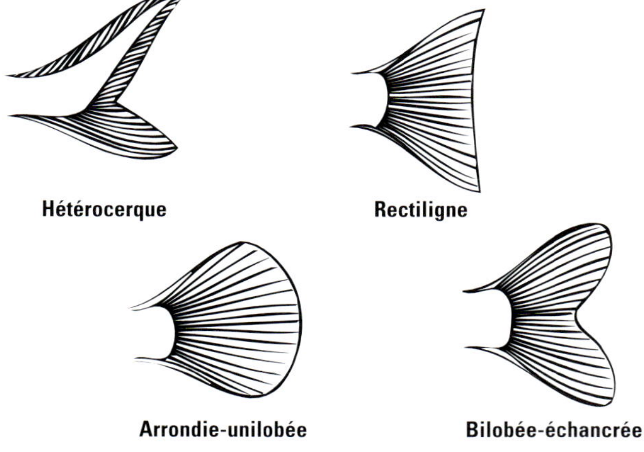

ANATOMIE DU POISSON

Anatomie interne

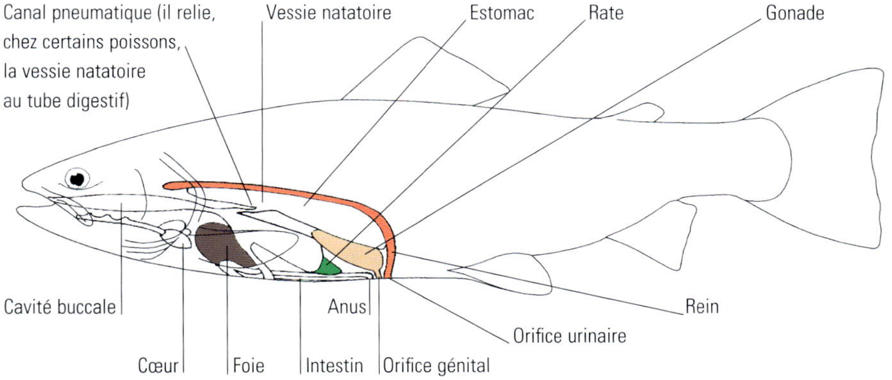

Anatomie externe

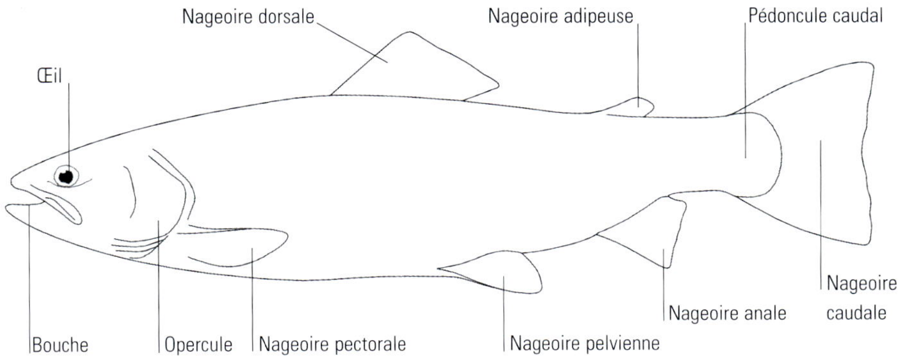

• Les nageoires

Chez un même poisson, il convient de distinguer deux types de nageoires : les nageoires paires (pectorales et pelviennes) et les nageoires impaires (dorsale, anale et caudale).

Parmi les nageoires impaires, la nageoire dorsale est généralement unique, mais, dans quelques familles (percidés), on observe deux nageoires dorsales contiguës. Chez les salmonidés, une seconde nageoire dorsale, très petite et dépourvue de rayons de soutien, est qualifiée d'adipeuse.

Une nageoire peut être assimilée à une membrane tendue entre des rayons tantôt mous (et parfois rameux), tantôt durs, voire piquants.

La forme des nageoires, le niveau d'implantation de la dorsale ou des pelviennes, l'aspect de la caudale, le nombre des rayons qui les soutiennent, constituent des critères précieux pour la détermination d'une espèce.

La vision des poissons

L'accommodation nécessaire à une vision correcte à toute distance est pratiquement inexistante chez les poissons. Pourtant, tous les pêcheurs savent que nombre d'espèces sont capables de distinguer nettement des objets très petits, comme de petites nymphes par exemple.

La rétine des poissons est pourvue de deux types de cellules visuelles, bâtonnets et cônes. Ces derniers permettent aux poissons de distinguer les couleurs.

Les poissons sont tout à fait capables de voir les objets hors de l'eau : arbre, promeneur ou pêcheur se déplaçant le long de la rive, etc. La truite,

Les bancs de poissons ont leur utilité : ils créent un effet de confusion, gênant ainsi les prédateurs dans leur attaque.

quant à elle, voit les mouvements en « ralenti ». Pour certains poissons, la vision est une fonction importante pour la découverte et la prise de leur nourriture. C'est le cas de nombreux prédateurs comme le brochet ou la truite. Pour d'autres espèces, comme la carpe, il s'agit d'une fonction tout à fait secondaire et leur vue est très médiocre.

Le comportement

Les pêcheurs savent par expérience qu'un poisson qui a été piqué à un hameçon devient plus méfiant, ou encore que les prédateurs finissent par s'habituer à certains leurres et ne répondent alors plus à leurs sollicitations.
Nombre de poissons montrent un comportement grégaire et constituent parfois des bancs impressionnants. Si chaque individu y conserve ses distances à l'égard de ses congénères, le banc n'en demeure pas moins une entité où tous les mouvements sont coordonnés par des signaux qui échappent souvent à l'observateur le plus averti. Les avantages apportés par la formation de ces bancs sont désormais bien connus. Ils créent par exemple un effet de confusion chez les prédateurs, qui ont du mal à centrer leurs attaques sur une proie déterminée. Ils peuvent également évoquer, à distance, la forme d'un très gros poisson et décourager un éventuel agresseur.
Les poissons solitaires, quant à eux, défendent âprement leur territoire. La compétition est très vive, aussi bien entre les congénères qu'à l'égard des autres espèces.

La sensibilité à la douleur

Il semble que les terminaisons nerveuses sensibles à la douleur et à la pression soient peu nombreuses et que les poissons souffrent peu des piqûres et des compressions. Ainsi, il arrive couramment qu'un poisson ayant avalé un hameçon et rompu une ligne morde de nouveau quelques instants plus tard.

L'alimentation des poissons

La truite arc-en-ciel se nourrit, aussi bien en surface que sur le fond, de poissonnets et divers invertébrés.

Selon les espèces, les poissons peuvent faire preuve d'un opportunisme alimentaire étonnant. Certaines catégories se montrent carnivores à titre quasi exclusif : il s'agit des salmonidés (truites et leurs congénères), ainsi que des poissons dits carnassiers – brochets, sandres, perches, black-bass confondus. D'autres sont plus volontiers omnivores, consommant indifféremment débris végétaux et menues proies animales ; c'est le cas de la plupart des poissons blancs.

Concernant le menu journalier de nos principales espèces piscicoles, nous nous intéresserons plus spécifiquement aux invertébrés aquatiques. À cela, plusieurs raisons. Tout d'abord, ils constituent la base du régime alimentaire de la plupart des poissons. Ils remplissent également un rôle écologique majeur en faisant office « d'indicateurs » d'une bonne – ou mauvaise – qualité des eaux. Enfin, de très nombreux invertébrés intéressent en particulier le pêcheur à la mouche, qui s'astreint à imiter leurs formes, leurs volumes pour mieux tromper le poisson.

• Trichoptères à fourreau : le régal des truites !

Les spécialistes de la pêche au toc, qui les emploient avec bonheur, nomment ces drôles de larves aquatiques protégées par un étui caractéristique, porte-bois, porte-faix ou traîne-bûche. La forme adulte est nommée sedge par les moucheurs. Dans les deux cas, l'insecte compte parmi les proies les plus recherchées de la truite !

Le sedge des moucheurs

L'adulte ne ressemble en rien à sa larve. De mœurs plutôt crépusculaires, on croirait un petit papillon nocturne qui adopte un vol pendulaire lent caractéristique.

Le sedge, reconnaissable à ses ailes typiquement disposées en toit sur le dos et recouvertes de petits poils nommés pubescences.

Quelques invertébrés des eaux courantes : 1. *Heptagenia* (Éphéméroptère) - 2. *Simulium* (Diptère) - 3. *Potamanthus* (Éphéméroptère) - 4. *Rhyacophila* (Trichoptère sans fourreau) - 5. *Dinocras* (Plécoptère) - 6. *Gammarus* (Crustacé) - 7. *Ephemera* (Éphéméroptère) - 8. *Ecdyonurus* (Éphéméroptère) - 9. *Hydropsyche* (Trichoptère sans fourreau) - 10. Trichoptère à fourreau.

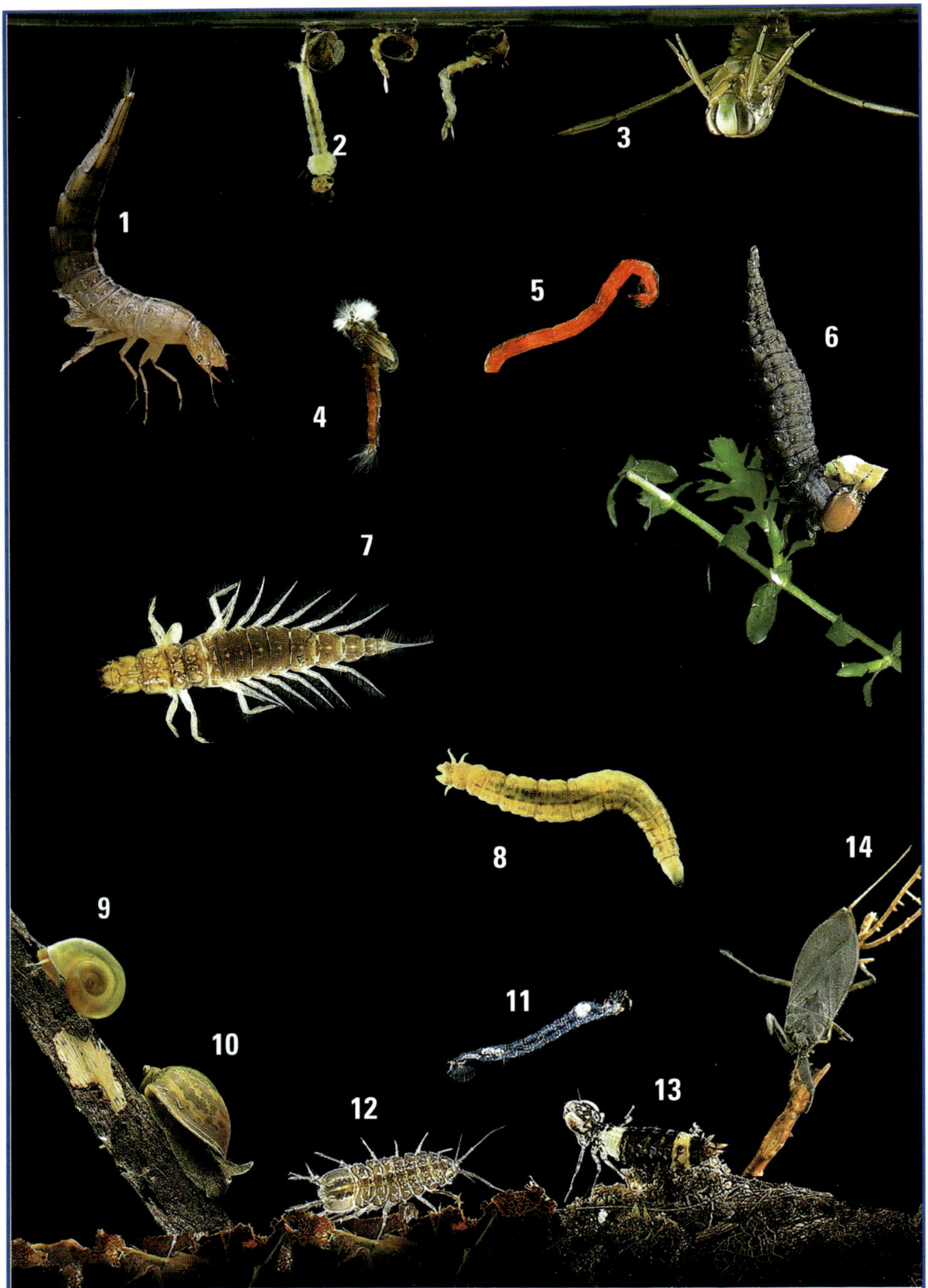

Quelques invertébrés des eaux stagnantes : 1. *Dytiscus* (Coléoptère) - 2. *Culex* (Diptère) - 3. *Notonecta* (Hétéroptère) - 4-5. *Chironomus* (Diptère) - 6. *Hydrophilus* (Coléoptère) - 7. *Sialis* (Mégaloptère) - 8. *Tipula* (Diptère) - 9. *Planorbis* (Gastéropode) - 10. *Lymnaea* (Gastéropode) - 11. *Chaoborus* (Diptère) - 12. *Asellus* (Crustacé) - 13. *Libellula* (Odonate) - 14. *Nepa* (Hétéroptère).

De bons indicateurs de la qualité de l'eau

Selon les familles, les genres ou les espèces, les trichoptères à fourreau peuvent être observés aussi bien dans les eaux vives, froides et richement oxygénées, à substrat dur de galets ou de graviers, que dans les eaux stagnantes à fond de sable ou de limon. Quel que soit l'environnement colonisé, l'insecte ne supporte guère la pollution et demeure à ce titre un bon indicateur de la qualité de l'eau. De plus, il s'agit d'une proie recherchée de la truite qui n'hésite pas à consommer la larve dans son fourreau censé la protéger. On peut donc affirmer sans risque d'erreur que le rôle exercé par les trichoptères dans tout écosystème aquatique est majeur !

Trichoptère signifie « ailes couvertes de poils ». Et il est vrai que la forme imago de l'insecte porte deux paires d'ailes membraneuses recouvertes de pubescences, typiquement repliées en toit sur le dos au repos. À ce stade, son existence, courte (guère plus d'une vingtaine de jours), est consacrée à la reproduction. La femelle dépose ses œufs juste sous la surface, dans la pellicule superficielle, ces derniers adhérant à divers végétaux immergés. Les éclosions de sedges offrent l'opportunité au pêcheur à la mouche de réaliser des coups du soir mémorables… car les truites raffolent autant des adultes à l'arrivée des beaux jours que de leurs larves durant toute l'année !

Curieux fourreau de trichoptère élaboré à l'aide de tiges végétales.

Une existence également aquatique

Une fois éclose, la larve va adopter un mode de vie entièrement aquatique. Pour mieux se fondre dans son environnement, elle construit un étui protecteur de soie, auquel sont ajoutés des éléments disparates : sable, gravier, coquilles de micromollusques, paille, branchettes, feuilles et autres débris végétaux. La forme de l'étui, qui est ouvert aux deux extrémités pour mieux favoriser la circulation de l'eau, peut donner une indication sur l'appartenance de l'insecte à une famille, un genre ou une espèce donnée. Toutefois, le critère de détermination le plus sûr demeure la forme des plaques sclérifiées (durcies) qui recouvrent les segments thoraciques.

La plupart des trichoptères à fourreau adoptent un régime alimentaire omnivore, à tendance nettement herbivore, et se nourrissent de divers débris végétaux accompagnés de larves planctoniques.

Attention aux risques de confusion !

Au stade adulte, il existe un insecte ressemblant comme un petit frère à la forme imago du trichoptère : il s'agit du sialis, seul représentant en Europe de l'ordre des mégaloptères. La confusion est d'autant plus facile qu'on décrit volontiers l'espèce comme adoptant un comportement imnophile, c'est-à-dire que son biotope de prédilection correspond aux fonds vaseux des étangs, marais ou cours d'eau lents.

Pour les moucheurs avertis, amateurs d'imitations exactes, la différence entre les deux ordres au stade adulte est aisée à observer : les ailes du sialis, sur lesquelles sont dessinées des nervures marquées, ne comportent aucune pubescence – ces fameux « poils » qu'on peut observer chez les trichoptères.

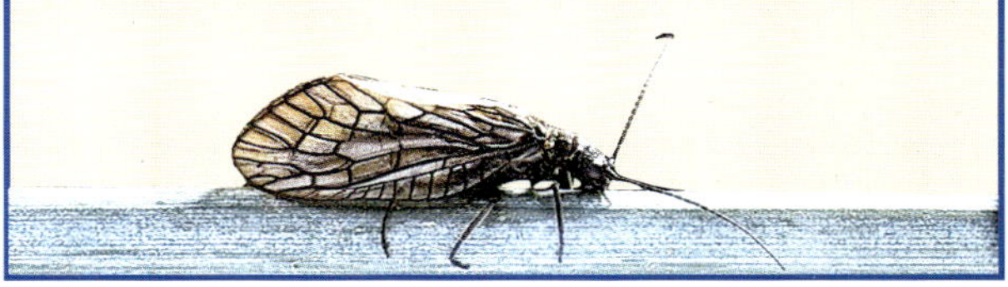

Une telle rivière aux eaux pures, oxygénées par le courant mais aussi grâce aux herbiers par le biais du phénomène de photosynthèse, convient à merveille au développement des éphéméroptères.

Les éphéméroptères

Peu d'animaux vivent un destin aussi tragique que les éphéméroptères... qui connaissent une existence bien éphémère ! En effet, le stade adulte aérien ne dure que quelques heures consacrées à la reproduction. Car sitôt l'accouplement et la ponte effectués, les gracieux insectes meurent en même temps que tombe le soir.

Habitants des eaux pures

Comme la plupart des invertébrés aquatiques, les éphéméroptères mènent une double vie ; une existence aquatique de un à trois ans, avant que l'insecte subisse une métamorphose qui lui permet d'acquérir sa forme adulte (imago), aérienne et définitive. La larve, qui respire grâce à des branchies, est dotée d'un abdomen dont l'extrémité porte deux à trois curieux appendices : les cerques. Elle se nourrit de minuscules débris végétaux et, selon les espèces, colonise les fonds sableux dans les secteurs calmes de la rivière, ou au contraire les galets balayés par des courants vifs. D'ailleurs, la forme particulière de la larve permet de déterminer le type de milieu occupé. Ainsi, celles dont le corps est très aplati (famille des rytagéniidés) vivent plutôt dans les rapides, leur morphologie particulière leur permettant d'échapper à la violence du courant. Au contraire, les larves dotées d'un corps cylindrique vivent plutôt dans le sable où elles se déplacent avec aisance en fouissant le substrat. Dans la majorité des cas, ces insectes exigeants en matière de qualité de l'eau vivent dans des secteurs peu pollués.

LES ÉPHÉMÈRES PAR MILLIONS

Autrefois, lorsque les eaux n'étaient pas encore atteintes par la pollution, on pouvait observer au début de l'été des éclosions très spectaculaires, avec l'envol subit de millions d'insectes. Le phénomène était nommé manne. Voici un peu plus de cinquante ans par exemple, sur une dizaine de kilomètres autour de Verdun, on récoltait au bord de la Meuse une centaine de tonnes de manne fraîche par an. Cette manne n'était pratiquement constituée que par une seule espèce, *Pothamentus luteus* ! Elle servait à enrichir l'ordinaire des animaux de ferme.

La mouche de mai vient juste d'éclore. Le stade adulte que nous voyons ici sera… éphémère, ne durant que quelques heures.

Une vie bien éphémère

Après avoir subi deux mues consécutives, la larve part à la conquête du milieu aérien. Adulte, l'insecte porte typiquement deux ailes relevées sur le corps au repos, les ailes antérieures étant plus grandes que les postérieures. Les éclosions d'éphémères, notamment de mouches de mai, sont souvent très spectaculaires et se produisent en grand nombre de mai à juillet.
Les insectes entament alors un véritable ballet aérien, au-dessus de l'eau, s'accouplent, pondent sous la surface puis meurent. À cette occasion, les truites perdent parfois toute méfiance et montent en surface, signalant leur festin par d'innombrables gobages.

• Les plécoptères

Ce sont les insectes aquatiques les plus exigeants en matière de qualité de l'eau. À tel point que l'observation des genres comme *Perla* ou *Dinocros* signifie que le milieu est totalement exempt de toute pollution.

Un torrent de haute montagne, aux eaux froides, pauvres en nourriture… le domaine exclusif de la truite et de l'omble de fontaine !

Des ressemblances étranges avec les éphémères

La larve de plécoptère vit de un à trois ans en milieu aquatique avant de subir sa métamorphose. Elle ressemble beaucoup aux larves d'éphéméroptères, mais s'en distingue par la présence systématique, chez toutes les espèces, de seulement deux appendices (les cerques) qui se développent à l'extrémité abdominale. Elle se nourrit de divers débris organiques et végétaux, bien que certains groupes soient carnivores et chassent activement de menus invertébrés, voire des vers, des gammares ou des sangsues. Très résistants au froid, les plécoptères sont les habitants typiques des torrents de montagne où on peut les observer jusqu'à 2 000 m et plus. Ils vivent pour la plupart dissimulés sous les galets, pour mieux résister au courant.

Tous les plécoptères, ordre auquel appartient la mouche de pierre, sont reconnaissables à leurs ailes typiquement disposées à plat sur le dos.

La mouche de pierre

L'insecte adulte, dont la durée de vie est brève, est reconnaissable à ses deux paires d'ailes typiquement disposées à plat sur le dos. Médiocre voilier, on le nomme mouche de pierre car il se repose volontiers, durant la journée, sur les galets des berges avant de prendre son envol à la faveur du crépuscule. Avant de mourir, la femelle pond une petite quantité d'œufs, parfois en nageant à la surface de l'eau. Ces derniers, dotés d'un disque adhésif, tombent au fond et se collent sur les galets. Très résistants au froid, on peut observer des insectes adultes posés sur la neige à plus de 2 000 m d'altitude.

Belles et cruelles : les libellules

Dès l'arrivée des beaux jours – plus exactement à partir du mois d'avril –, les libellules survolent en vrombissant nos lacs et nos rivières. Des insectes élégants, gracieux, qui sont pourtant des chasseurs sans pitié !

Deux grands groupes

L'immense ordre des odonates, auquel appartiennent les libellules au sens large, regroupe plus de 5 000 espèces dans le monde, réparties en deux sous-ordres : les zygoptères ou demoiselles, insectes délicats au corps fin et gracile, au vol lent et maladroit, dont les ailes sont tenues verticalement sur le dos au repos. Les anisoptères, quant à eux, sont beaucoup plus grands et massifs, et on les distingue des demoiselles par des ailes postérieures plus longues que les antérieures, maintenues étalées de chaque côté du corps au repos.

Cette gracieuse libellule qui abandonne son enveloppe larvaire appartient à l'ordre des zygoptères.

Les larves appartenant aux deux sous-ordres sont également fort dissemblables. Celles des zygoptères, à l'image des adultes, sont grêles et possèdent un abdomen. Elles se déplacent dans l'eau grâce à des mouvements latéraux saccadés du corps. À l'inverse, les larves d'anisoptères sont épaisses, trapues et possèdent un abdomen allongé. Leurs organes respiratoires sont situés au niveau du rectum. Une véritable opportunité pour l'insecte, dont la nage s'effectue par réaction. Pour se déplacer, en effet, la larve propulse l'eau contenue dans le rectum à l'extérieur du corps.

Des prédateurs féroces

Les libellules, contrairement à beaucoup d'insectes, adoptent un régime carnassier exclusif. La larve, peu habile mais équipée de son redoutable masque, chasse principalement à l'affût, se nourrissant d'insectes, de petits crustacés ou de vers. L'adulte procède à la manière du faucon ou de l'épervier. Il adopte deux stratégies et opère soit à l'affût, à partir d'un perchoir – dans ce cas, la libellule attend patiemment qu'une proie passe à sa portée avant de fondre dessus –, soit carrément en plein vol, poursuivant sa future victime à grands battements d'ailes.

Armées pour la chasse

La larve de libellule présente une adaptation étonnante ! À la manière d'une sorte de prédateur extraterrestre, ses pinces buccales, en particulier le labium (lèvre inférieure), sont transformées en organe préhenseur ou masque. Ce dernier, terminé par des crochets, peut être projeté vers l'avant à une vitesse foudroyante.
Le prédateur à l'affût, guettant sa proie, propulse ainsi dans l'onde une sorte de « langue de caméléon » munie d'appendices acérés qui déchirent la victime et la retiennent. Le masque est ensuite replié vers l'orifice buccal, et un repas bien mérité s'annonce !

La mouche de maison est une excellente esche à truites durant toute la belle saison.

Les diptères

Cet ordre immense qui regroupe plus de 200 000 espèces est très bien représenté dans nos eaux douces. Certains sont connus pour leur fâcheuse habitude à infliger de douloureuses piqûres (les moustiques notamment). D'autres pour servir d'appât de base au pêcheur au coup, cas de l'asticot.

Une répartition universelle !

Adultes, tous les diptères présentent un point commun : la modification de leur seconde paire d'ailes en « balanciers », qui ne sont rien d'autre que des ailes atrophiées. Quel que soit le stade observé, et selon les espèces, les diptères colonisent tous les milieux. Ainsi, les genres *Simulium* (simulés) qui ressemblent à l'état larvaire à de petits tonnelets fixés aux galets du fond grâce à une ventouse, et rassemblés souvent par centaines d'individus colonisant les eaux froides et rapides des torrents de montagne. Adultes, ils deviennent de petits moucherons à la piqûre très désagréable. Au nord du Canada et des États-Unis, ils sont parfois si nombreux qu'on ne peut s'aventurer près de l'eau sans s'être badigeonné le visage d'un produit répulsif ou de s'être protégé avec une moustiquaire.
Selon les espèces, les larves de diptères aquatiques se nourrissent de débris organiques ou de micro-invertébrés.

Larve de simulie, ce satané insecte piqueur qui gâche parfois nos soirées estivales au bord de l'eau.

Les principaux genres aquatiques

Parmi les plus connus des pêcheurs, le chironome (genre *Chironomus*), dont l'une des espèces, joliment colorée de rouge vif et de gris, colonise les fonds vaseux des mares ou des étangs, est également appelé ver de vase. Il s'agit d'un appât de tout premier ordre pour la pêche des poissons blancs. Un autre diptère bien connu des pêcheurs, et qui ressemble à un gros moustique, est la tipule, qui apparaît en grand nombre à la fin de l'été et au début de l'automne. Les truites, particulièrement en réservoir, sont friandes de cet insecte.

Les diptères, signes d'une mauvaise qualité de l'eau

Dans de nombreux cas, la multiplication des diptères dans le cours supérieur des rivières est due à la dégradation de la qualité de l'eau par des pollutions quelconques car, à quelques rares exceptions près, les insectes appartenant à cet ordre fréquentent surtout les eaux chargées de matière organique, au courant lent : ils abondent donc avant tout dans le cours inférieur des rivières.

Les diptères se développent surtout dans les eaux stagnantes, parvenant même à coloniser les milieux les plus pollués.

• Les coléoptères

En matière de férocité, les coléoptères aquatiques n'ont rien à envier aux libellules. Ces prédateurs consommés par les poissons leur rendent la politesse en dévorant volontiers des alevins !

Les dents de la mare

La plupart des coléoptères aquatiques vivent en eaux stagnantes – mares, étangs – ou dans les parties très calmes de la rivière telles que les bras morts et autres reculs. Qu'il s'agisse d'adultes ou de leurs larves, ce sont souvent des chasseurs féroces, bien pourvus par la nature pour exercer leur prédation.

La larve du dytique, par exemple, est dotée de mandibules creuses et acérées, destinées à perforer les tissus de leurs proies. Ensuite, elle injecte dans le corps de sa victime une substance qui en dissout le contenu, ce dernier étant alors tout simplement aspiré ! L'adulte de la même espèce nage avec une rare aisance grâce à ses pattes postérieures surdéveloppées et frangées de cils, qui lui permettent même de s'élancer dans les airs pour effectuer de courts vols d'une mare à l'autre. Larves et adultes du dytique consomment diverses proies animales tels qu'insectes et autres invertébrés, crustacés, mollusques, têtards et alevins.

Dytique adulte, s'apprêtant sans doute à fondre sur sa proie.

Des adaptations étonnantes

Le genre *Elmis* emmagasine des bulles d'air dans les poils qui tapissent son abdomen, ce qui lui permet de respirer sous l'eau. Le gyrin, quant à lui, respire grâce à une bulle d'air située à l'extrémité de l'abdomen. De coloration très vive, il vit en essaims qui se déplacent continuellement en

La larve du dytique est un féroce prédateur qui se nourrit aussi bien d'alevins que d'autres insectes ou de têtards.

L'étang, milieu typique occupé par les diptères, les coléoptères ou les hétéroptères.

L'araignée d'eau, ou gerris, n'est pas un arachnide, et appartient en fait à l'ordre des hétéroptères.

tournant en rond à grande vitesse. Le gyrin possède également des yeux qui présentent deux parties distinctes : la face dorsale est destinée à regarder au-dessus de la surface, tandis que la face latérale inférieure permet l'exploration du fond. Bien d'autres coléoptères peuvent être observés dans nos eaux stagnantes. Ils n'apparaissent qu'occasionnellement dans le menu journalier des poissons.

• Les hétéroptères

Ils accompagnent les coléoptères dans les eaux stagnantes des mares et des étangs où, bien qu'ils adoptent des mœurs typiquement aquatiques, ils peuvent effectuer de courts trajets aériens pour se rendre d'un plan d'eau à l'autre. Ce sont aussi souvent de féroces prédateurs... et ils peuvent parfois infliger des piqûres douloureuses !

Équipés pour tuer !

Dans de nombreux cas, les hétéroptères adoptent un régime alimentaire carnivore. En effet, l'appareil buccal est transformé en un outil redoutable : un rostre piqueur-suceur et des stylets acérés sont enfermés dans un fourreau contenu dans la lèvre inférieure.

Contrairement à la plupart des autres insectes aquatiques, la larve est strictement identique à l'adulte, de taille moindre toutefois, et dépourvue d'organes génitaux. Les hétéroptères adultes sont dotés de deux paires d'ailes, dont la première est durcie au moins en partie. Pour se déplacer dans l'onde, ils portent des pattes pouvant présenter des adaptations variées : marcheuses, natatoires, préhensiles, c'est-à-dire servant à se saisir d'une proie !

Un curieux hétéroptère, l'hydromètre, parfaitement mimétique dans son environnement, où il ressemble un peu à une petite branchette.

Une étonnante variété de formes

Tous les individus appartenant à l'ordre des hétéroptères ne se ressemblent pas, au point qu'on se demande parfois s'il n'y a pas confusion avec d'autres grands groupes. La fameuse araignée d'eau, ou gerris, avec son corps aplati et ses

La nèpe, prédateur de la mare, peut infliger de cuisantes piqûres. Il convient donc de prendre garde à cet insecte lors d'éventuelles manipulations.

longues pattes, ressemble ainsi beaucoup plus à un arachnide qu'à un hétéroptère. Pourtant, elle appartient bien à ce dernier ordre, et chacune de ses trois paires de pattes a une vocation précise : les pattes antérieures servent à se saisir des proies, les médianes à se propulser, et ses postérieures à assurer la direction de la trajectoire. Tous les hétéroptères remontent régulièrement à la surface pour renouveler leurs provisions d'air. Certains se nourrissent de débris végétaux, mais la plupart de menues proies, insectes et autres petits invertébrés. Certains sont venimeux, comme la nèpe, qu'il vaut mieux manipuler avec précaution car elle inflige de cuisantes piqûres.

ELLE NAGE SUR LE DOS !

Un hétéroptère mérite qu'on y prête attention : il s'agit de la notonecte. En effet, curieusement, l'insecte nage sur le dos, se propulsant grâce à ses longues pattes postérieures frangées de poils. Elle remonte souvent à la surface pour renouveler sa réserve d'air qu'elle emmagasine sous ses ailes, et c'est un excellent voilier qui passe souvent d'une mare à l'autre.
Plus que celle de la nèpe sans doute, sa piqûre est particulièrement douloureuse.

L'oselle colonise surtout les eaux claires et bien oxygénées des lacs et rivières, où on peut l'observer dans le limon.

Le gammare ou crevette d'eau douce, un petit crustacé qui confère aux salmonidés s'en nourrissant une belle chair couleur rose saumon.

• Les crustacés

Ils sont bien représentés dans la plupart des eaux douces ou salées et jouent un rôle essentiel dans les chaînes alimentaires de nos écosystèmes aquatiques. En effet, en bas de la chaîne alimentaire, le zooplancton est composé en grande partie de crustacés. Dans nos eaux douces, il existe ensuite des formes plus volumineuses (le gammare) et plus grandes encore, les écrevisses.

Ils confèrent aux salmonidés une chair rosée

Certaines truites, dites saumonées (elles le deviennent artificiellement en pisciculture grâce à une distribution judicieuse de granulés appropriés), acquièrent naturellement ce caractère – une belle chair rosée des plus appétissantes ! – en se nourrissant d'un petit crustacé : le gammare. Ce dernier, appelé crevette d'eau douce, se déplace curieusement en nageant sur le flanc. Il est commun partout où l'eau est de bonne qualité, se dissimulant parfois en bancs immenses sous les blocs rocheux ou les mottes de terre, près des berges.

Écrevisse tangue, encore appelée écrevisse à pattes grêles, introduite en France pour la consommation.

Le phénomène d'acquisition de la chair saumonée illustre à merveille le fonctionnement des chaînes alimentaires. En fait, les tissus du poisson fixent alors un pigment en consommant du plancton animal qui a lui-même absorbé le fameux pigment en se nourrissant de plancton végétal, pourvoyeur original du carotène.

Les gammares sont des proies particulièrement appréciées de nombreux poissons, notamment des truites. Un autre petit crustacé, l'oselle, que l'on rencontre en abondance dans les lacs, est très prisé des poissons comme l'omble chevalier.

Parmi les crustacés les plus connus bien sûr, dans le monde des eaux douces, il y a les écrevisses, dont sandres, silures ou carpes sont gourmands.

Nos espèces indigènes, victimes d'une « peute » au milieu de la rivière, ont vu leurs effectifs considérablement réduits : il s'agit des écrevisses à pattes blanches ou grêles, très sensibles à la pollution, et qui vivaient dans nos ruisseaux purs et bien oxygénés. D'autres espèces, beaucoup plus résistantes, ont été introduites : l'écrevisse américaine, par exemple, qui pullule un peu partout, y compris dans des secteurs très pollués.

L'écrevisse américaine a colonisé une grande partie de notre réserve hydrographique, y compris les fleuves lents, pollués, tels que la Seine.

La réglementation

Pour assurer la protection de la faune et de la flore aquatique, permettre le développement de la pêche de loisir et éviter les conflits entre pêcheurs et riverains, il est nécessaire d'organiser la pratique de la pêche en la réglementant. Connaître et comprendre cette réglementation est la garantie pour le pêcheur d'exercer son loisir en toute tranquillité.

Les institutions de la pêche

Un garde du Conseil supérieur de la pêche, appartenant à la Brigade Mobile Saumon. Leur rôle ne se limite pas à la sanction, mais surtout à l'information.

L'organisation de la pêche en eau douce repose sur trois institutions :

– *Le ministère de l'Environnement*

La Direction de l'eau, au ministère de l'Environnement, prépare les lois et définit la façon dont la pêche sera gérée ainsi que la mise en place de la protection des milieux aquatiques.

– *Le Conseil supérieur de la pêche*

Cet organisme doit mener les actions de surveillance du milieu aquatique et développer des programmes de restauration ou de mise en valeur des cours d'eau. Pour cela, il emploie des gardes-pêche chargés d'assurer la police de la pêche et de l'eau ainsi que de conseiller les différents partenaires.

– *L'Union nationale pour la pêche en France et la protection du milieu aquatique*

En haut de la pyramide, elle défend les grands dossiers en faveur de la protection des milieux aquatiques et de la promotion de la pêche. Le monde associatif de la pêche est constitué de 4 200 associations agréées, les AAPPMA (Associations agréées de pêche pour la protection du milieu aquatique), animées et présidées par des pêcheurs élus. Elles gèrent les droits de pêche en liaison avec les propriétaires, entretiennent les milieux aquatiques...

Le détaillant d'articles de pêche bien connu, Jean-Paul Gouttequillet, prodiguant de précieux conseils pour l'achat d'une canne.

La carte de pêche

Pour pêcher dans les eaux libres, il faut adhérer à une AAPPMA et prendre une carte de pêche. Cette dernière comporte deux éléments :

– la taxe piscicole, qui finance le Conseil supérieur de la pêche et la surveillance des rivières effectuée par ses agents ;

– la cotisation statutaire, dont le montant est fixé librement par chaque association et qui finance la mise en place des actions de gestion et de promotion conduites par les associations et les fédérations.

Il existe différentes cartes de pêche. La carte complète permet l'accès à toutes les techniques de pêche autorisées. La carte réduite a un usage limité à des modes de pêche réglementairement définis. Enfin, la carte jeunes offre aux jeunes de moins de 16 ans les mêmes avantages que la carte complète mais à un prix modéré. Ces trois cartes sont valables du 1er janvier au 31 décembre. Il existe également d'autres cartes comme la carte vacances, la carte journalière...

Quand et comment pêcher ?

Pour tenir compte de la biologie des espèces, les cours d'eau, les canaux et les plans d'eau sont classés en deux catégories piscicoles :

– la première catégorie comprend ceux qui sont principalement peuplés en salmonidés (truite, ombre, saumon, etc.), ainsi que ceux où il est important d'assurer une protection spéciale des poissons de cette espèce ;

– la seconde catégorie regroupe tous les autres cours d'eau, abritant les poissons blancs (gardon, ablette, chevesne, etc.) et les carnassiers (brochet, perche, silure, etc.).

Autre attribution du garde-pêche, un rôle pédagogique auprès des enfants qui se passionnent pour la biologie des poissons.

Quand pêcher ?

Il est conseillé de se renseigner sur les dates officielles d'ouverture et d'éventuelles modifications locales auprès de son association ou du revendeur d'articles de pêche. Normalement, les dates figurent sur la carte annuelle de pêche.

La pratique de la pêche est généralement autorisée une demi-heure avant le lever du soleil jusqu'à une demi-heure après son coucher. En principe, la pêche de nuit est donc interdite, mais le préfet peut l'autoriser pour certaines espèces

Rien ne vaut les conseils de papa pour bien réussir à la pêche.

(anguille, mulet, lamproie, carpe...). Les dates d'ouverture et de fermeture de la pêche sont liées à la période de reproduction des poissons. En première catégorie, l'ouverture de la pêche a été fixée à une date unique dans toute la France – le deuxième samedi de mars – et la date de sa fermeture est également unique : le troisième dimanche de septembre. Dans les eaux de seconde catégorie, la pêche est autorisée toute l'année, à l'exception de certaines espèces protégées (comme le brochet), dont la pêche est interdite durant la période de reproduction.

• Où pêcher ?

On peut pêcher dans toutes les eaux libres, ainsi que dans les lots de l'association qui a délivré la carte de pêche. Pour des raisons de sécurité et de protection des espèces migratrices, on ne peut pas pêcher aux abords immédiats des barrages, des vannages et des échelles à poissons. Dans tous les cas, il faut toujours être prudent au bord de l'eau.

Où prendre sa carte de pêche ?

La carte de pêche est disponible dans les associations locales ou chez les dépositaires agréés, généralement des détaillants d'articles de pêche, des cafés-tabacs, des magasins de sport... Chaque fédération édite un guide reprenant toutes les informations nécessaires à la pratique de la pêche dans le département.

Les modes de pêche autorisés

Selon la carte de pêche ainsi que la catégorie piscicole des eaux dans lesquelles ils pêchent, et même le département où ils se trouvent, les pêcheurs ont diverses possibilités. Ainsi, ils peuvent avoir :

– trois ou quatre lignes au plus, selon le département, dans les eaux de seconde catégorie ;

– deux lignes au maximum dans les eaux domaniales de première catégorie ainsi que dans les plans d'eau de première catégorie désignés par le préfet ;

– une ligne dans les eaux de première catégorie, autres que celles appartenant au domaine public.

Les lignes doivent être montées sur cannes et munies de deux hameçons ou de trois mouches artificielles au maximum. Elles doivent être disposées à proximité du pêcheur.

Les modes de pêche interdits

La pêche à la main est formellement interdite ainsi que la pêche en troublant l'eau, à l'exception de la pêche à la ligne du goujon, qui est une pêche spécifique.
Tous les procédés consistant à attraper le poisson autrement que par la bouche sont interdits et l'utilisation d'hameçons à plus de deux branches, dont la distance entre les pointes est supérieure à 20 mm, est également prohibée.
Il existe aussi certaines mesures particulières, visant à protéger le patrimoine piscicole. Il est ainsi interdit d'utiliser comme vif, appât ou amorce :
– des poissons appartenant aux espèces qui font l'objet d'une taille minimale de capture ;
– les espèces susceptibles de provoquer des déséquilibres biologiques comme le poisson-chat ou la perche-soleil ;
– des espèces protégées (vairon du Canada) ;
– des œufs de poissons naturels ou artificiels ;
– des asticots et autres larves de diptères, en première catégorie.

La taille minimale de capture

Pour leur protection, certains poissons font l'objet d'une taille légale de capture en dessous de laquelle ils doivent être remis à l'eau. Cette mesure leur permet d'effectuer leur première reproduction (frai). Le poisson est donc mesuré du bout du museau jusqu'à l'extrémité de la queue déployée.
D'autre part, des quotas journaliers de capture, variables selon les départements, sont imposés pour les salmonidés (truite, saumon de fontaine, etc.).
Il est donc vivement conseillé, avant d'aller à la pêche, de se rendre à la fédération de pêche la plus proche ou bien à la mairie, afin de se renseigner sur les règles en vigueur dans la zone de pêche choisie.

Un geste qui honore les jeunes pêcheurs : relâcher sa prise !

Les techniques

Avec la modernisation des matériaux, les techniques se sont considérablement affinées. Il ne faut pas imaginer pour autant que le poisson est plus facile à prendre ! Car le vrai secret de la réussite repose sans doute avant tout sur ce fameux « sens de l'eau » des vrais pêcheurs qui savent « lire » une rivière, connaissant parfaitement les tenues des poissons et leurs habitudes.

La pêche au flotteur

Il s'agit théoriquement de la technique de base, celle par laquelle tout le monde débute, ne serait-ce que pour taquiner le goujon. Pourtant, elle cache bien des subtilités que nous vous invitons à découvrir !

L'équipement de base

La canne télescopique est légère, souple et peu encombrante, munie d'un scion flexible plein en carbone. La canne à emmanchements ou à emboîtements, quant à elle, est à la fois rigide et légère. Ce genre de canne permet de modifier la longueur à la demande par simple emboîtement d'un brin dans un autre.

La ligne est le montage qui s'adapte sur la canne. Une ligne montée comprend le nylon, le flotteur, la plombée et l'hameçon. Le flotteur, également appelé « bouchon » ou « plume » est l'instrument qui relie le pêcheur au poisson et qui signale la touche.

Il existe des centaines de références de flotteurs. Cependant les formes les plus courantes sont le flotteur « carotte » (pour eaux calmes et peu de

Pour rechercher le poisson blanc loin du bord, une longue canne est indispensable.

La bourriche anglaise permet de conserver le poisson vivant dans de bonnes conditions.

vent), le flotteur trapu boule ou poire (eaux courantes et agitées) et le flotteur « goutte d'eau » adapté à la fois aux eaux calmes et à un courant léger. À la canne et la ligne viennent s'ajouter d'autres accessoires bien utiles. Tout d'abord le panier-siège qui permet de rester de longues heures au bord de l'eau en disposant de tout son matériel.

Il est à la fois léger et fonctionnel pour y ranger les lignes et tout le petit matériel (nylons, hameçons de rechange, ciseaux, sondes...).

Le fourreau permet de ranger les cannes sans risque de les abîmer ou de casser un brin.

Une épuisette munie d'un manche solide à emmanchements et d'une tête à mailles hydrophobes est indispensable pour venir à bout des plus gros poissons.

Au chapitre des accessoires importants, il faut aussi ajouter l'incontournable bourriche. Elle permet de conserver les poissons pour les remettre vivants dans leur élément.

Un modèle solide, hydrophobe et d'une longueur d'au moins 3 m convient alors parfaitement. Il faut ajouter à ce matériel basique un seau ou une bassine pour préparer l'amorce. Un tablier pour éviter les souillures du poisson. Quelques boîtes hermétiques rondes ou rectangulaires pour la conservation et le transport des appâts au bord de l'eau.

L'ENTRETIEN DES CANNES

Une canne à pêche est un investissement souvent onéreux. Une raison supplémentaire pour en prendre soin. Après chaque partie de pêche, il est conseillé de laver soigneusement chaque brin de canne puis de l'essuyer au chiffon doux.

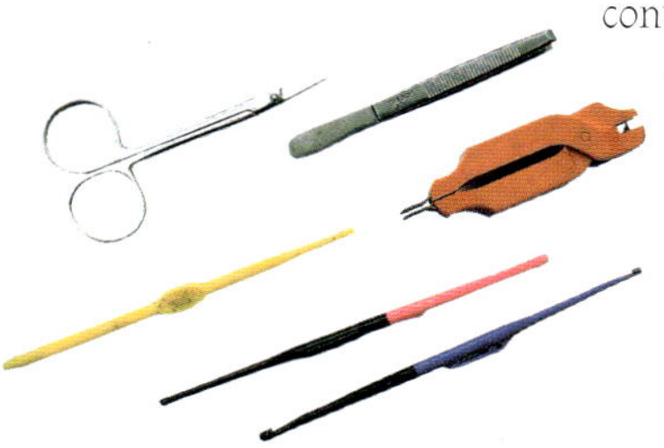

Quelques outils nécessaires au pêcheur au coup, dont le pince-plomb (en orange).

Le vairon

Le vairon est un poisson abondant très facile à pêcher. Il affectionne les eaux pures et non polluées des rivières et ruisseaux. Il sert également d'appât pour capturer la truite dont il constitue la nourriture favorite.

Le vairon fait aussi office d'excellent vif, permettant en particulier de capturer perches, sandres ou truites.

Le matériel

Pour pêcher le vairon, le matériel est réduit à sa plus simple expression. Une petite canne télescopique (1,50 à 2,50 m) à scion flexible suffit amplement. La ligne est également simple. Un corps en 8/100 ou 10/100 muni d'un petit flotteur à corps trapu (boule ou poire) et à quille courte. Quelques plombs sphériques accolés suffisent à équilibrer le flotteur au ras de l'antenne. Le bas de ligne est court (8 à 10 cm) et muni d'un hameçon fin en fer n° 18 à n° 20.

L'amorce et les esches

Ce cyprin a un régime carnivore, c'est pourquoi il convient de privilégier les esches animales pour le capturer. Les meilleures sont le petit asticot rouge ou blanc (pinkie ou fise) et le minuscule ver de terreau. Une petite goutte de pâte synthétique (Mystic) fait aussi parfois l'affaire.

L'action de pêche

Pour attirer et retenir les vairons, il est nécessaire d'amorcer. Une simple amorce du commerce pour la friture (3 000 Sensas Friture, La Sirène X21...) additionnée d'un peu de terre suffit à maintenir les poissons en éveil.

Dans tous les cas, l'amorce doit être rapide et peu nourrissante car les vairons ont tendance à se gaver très vite. La ligne est réglée afin que l'esche évolue au ras du fond. La touche du vairon est caractéristique : le flotteur tressaille et s'enfonce brutalement.

LES BONS POSTES

La pêche des vairons tient à la fois de la chasse et de la pêche. Il faut d'abord repérer un banc de poissons. Lorsque l'eau est claire et peu profonde, il est facile de les voir se déplacer en bancs de plusieurs centaines de sujets. Les ruisseaux de première catégorie abritant principalement des salmonidés sont riches en vairons.

Le vairon *(Phoxinus phoxinus)*

Le vairon fait partie de l'ordre des cyprinidés. Sa taille n'excède pas 10 cm. Son corps est cylindrique, sa bouche s'ouvrant au bas du museau arrondi. Son dos est bleuté, gris verdâtre ou bronze alors que ses flancs rayés de bandes bleues, jaunes et noires sont semés de points et de taches sombres. Il se reproduit en mai-juin. Le mâle change alors de parure et devient rouge ou pourpre sous le ventre et la tête.

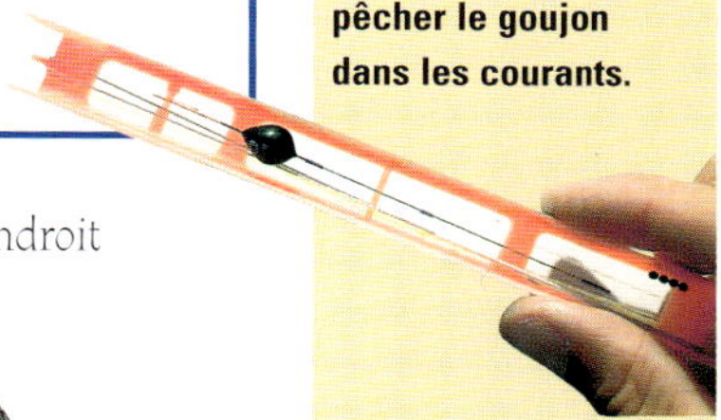

Un petit flotteur trapu, bon porteur, est important pour bien pêcher le goujon dans les courants.

Dès que les touches s'estompent, mieux vaut changer d'endroit pour retrouver un banc de poissons.

Le goujon

Affublé de fines moustaches, le goujon est sympathique aux yeux du pêcheur. C'est aussi le poisson idéal pour le débutant.

Le matériel

Une canne télescopique de 3 à 4 m munie d'un scion flexible convient très bien. Le corps de ligne est constitué d'un nylon de 8/100 à 10/100, ce qui est suffisant pour sortir les goujons d'autorité. Le flotteur idéal est une forme boule ou poire munie d'une quille et d'une antenne plastique. Le grammage du flotteur est compris entre 0,20 et 0,50 g. L'équilibrage se fait tout simplement à l'aide de plombs sphériques accolés. Le bas de ligne est court (8 à 12 cm) et inférieur de un ou deux centièmes au corps de ligne. Il est terminé par un hameçon fin en fer de forme crystal, allant du n° 18 au n° 22 suivant l'esche employée.

Pêche à la « grattée », à l'aide d'une courte canne. Le nuage soulevé par le raclement des pieds au fond attire les goujons.

L'amorce et les esches

L'amorce pour attirer le goujon n'est pas compliquée. Ce poisson affectionne les mélanges sombres et les nuages tenaces. Un simple mélange de terre et de chapelure de pain rousse peut suffire. Sinon, une amorce à fri-

LA PÊCHE « À LA GRATTÉE »

Cette méthode de pêche est encore appelée « à trousse-culotte », « à la jambière», « à la barbote », « à la marouille », « à la boulée ».
Elle fait la joie des enfants et se pratique en entrant dans l'eau soit jambes nues, soit avec des cuissardes.
Pour attirer un banc de goujons, il suffit de remuer le fond avec ses pieds. Les poissons stationnent alors dans la traînée nuageuse.
La ligne montée sur une canne courte ou un simple scion est descendue dans la traînée nuageuse. Les appâts déjà cités conviennent parfaitement. Le matériel est peu important et léger car il faut souvent changer de place.

ture du commerce additionnée d'un produit traçant fait l'affaire.
Le ver de vase est une friandise pour le goujon. Il est cependant fragile et il faut le réserver aux poissons capricieux.
L'asticot est un appât de premier choix. Lorsque les poissons sont très nombreux, il évite d'avoir à changer d'esche à chaque prise.
Enfin le mini ver de terreau ou un tronçon de ver sera très efficace en toutes saisons.

● L'action de pêche

Les goujons cohabitent en bancs sur les fonds de graviers ou de sable des rivières, des étangs, des lacs ou des canaux.
La période automnale (septembre-octobre) est la plus probante pour réaliser de belles fritures de goujons. Une fois le poste choisi, confectionnez quelques boules d'amorce qui sont jetées un peu en retrait du scion de la canne. Pour maintenir les poissons sur le coup, il est préférable de lancer à chaque coup de ligne une petite boule d'amorce de la grosseur d'une noix. À la touche, le flotteur s'enfonce lentement et profondément.

Courant typique en grande rivière où peuvent batifoler de nombreux goujons, accompagnés d'ablettes et de vairons.

L'ablette

Poisson de surface, l'ablette est vive, maligne et reste active tout au long de l'année. Sa pêche tout en finesse entraîne les réflexes et demande beaucoup de concentration.

La fronde permet d'atteindre des distances respectables.

• Le matériel

La pêche de l'ablette se pratique le plus souvent près de la berge. Une canne télescopique en fibre de carbone de 3 à 4 m est donc amplement suffisante. Pour pouvoir sortir les poissons d'autorité, cette canne est munie d'un scion flexible sur lequel est montée la ligne. Celle-ci devra être à la fois fine et souple. Il faut donc choisir un nylon compris entre le 7/100 et le 8/100 sur lequel sera fixé un flotteur dont le poids varie de 0,10 à 0,30 g. Les formes « allumette », goutte d'eau ou poire sont les plus employées. L'équilibrage se fait au niveau de l'antenne, voire sur celle-ci pour déceler la moindre touche. Les plombs sphériques employés pour constituer la plombée sont aussi appelés « cendrées », compris entre le n° 10 et le n° 13.

L'hameçon est une forme crystal et fin en fer muni d'un microardillon. Pour pêcher l'ablette, les hameçons sont choisis dans les petites tailles du n° 22 au n° 24 et parfois jusqu'au n° 26.

• L'amorce et les esches

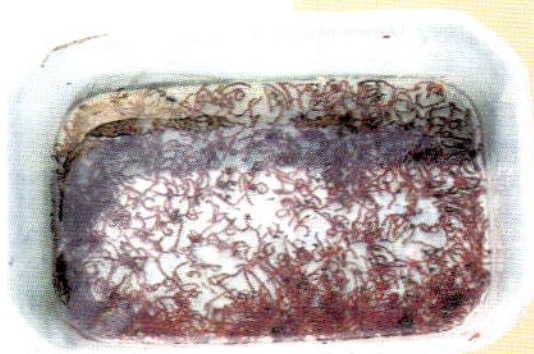

Une amorce à ablettes est peu gavante et très nuageuse. Elle éclate au contact de l'eau pour agir immédiatement près de la surface ou entre deux eaux. Il existe une multitude de farines et de produits pour confectionner une bonne préparation. Cette diversité fait souvent peur au novice. Une recette simple est cependant un gage de réussite.

L'amorçage de l'ablette est capital et plus important que la recette. Dans tous les cas, il faut amorcer peu mais souvent. Une, voire deux pincées à chaque coup de ligne est le rythme qu'il faut soutenir pour garder les poissons. Les esches les plus employées sont le ver de vase (dans ce cas, il est bon d'ajouter à l'amorce une petite pincée de fouillis), le pinkie, le fise ou la pâte.

L'amorce destinée à l'ablette doit être très diluée.

Une amorce à ablettes

– 80 % de 3 000 surface Sensas ;
– 10 % de liant à allonger ;
– 10 % de litou.

L'action de pêche

La pêche de l'ablette demande une organisation rationnelle du matériel. Le bac ou le seau à amorce est placé à portée de main pour ne pas avoir à se baisser. Le flotteur doit être réglé de manière à évoluer près de la surface et la ligne est jetée dans le nuage d'amorce. Tant que les touches sont rares, il faut continuer à amorcer par pincées régulières. La touche de l'ablette est rapide comme l'éclair : le flotteur s'enfonce d'un trait et latéralement. Un simple coup de poignet sur la canne assure alors la prise. Après le décrochage, la ligne est relancée sur le coup, l'autre main restée libre déclenche une nouvelle pincée d'amorce...

Le gardon

Le gardon est le cyprin le plus répandu dans nos eaux. On le rencontre en étang, en lac, en canal, en rivière et en fleuve. Sa pêche, subtile, est intéressante et très diversifiée car elle change au rythme des saisons. Le gardon demeure sans conteste le poisson roi du pêcheur au coup.

Il faut parfois tester plusieurs esches pour stimuler l'appétit du gardon.

LA PÊCHE « À DÉBOÎTER »

La pêche à déboîter est la méthode la plus couramment employée pour prendre du gardon. Elle consiste à utiliser une ligne courte sur une canne longue. La manœuvre de la ligne est alors plus aisée et son contrôle ainsi que le ferrage sont parfaits. A contrario, cela oblige le pêcheur à déboîter les brins de canne à chaque prise ou lorsqu'il faut changer d'esche.

La canne à emboîtement est bien pratique pour modifier la distance de prospection.

• Le matériel

L'instrument de base est une canne à emmanchements dont la longueur varie entre 6 et 11 m. La canne est munie d'un scion creux comportant un élastique intérieur. Ce procédé permet de maîtriser de belles prises tout en employant des nylons très fins. La finesse fait souvent la différence lorsqu'il s'agit de pêcher le gardon.
Les lignes doivent être adaptées au lieu de pêche. On utilisera donc en général un nylon de 8/100 ou 10/100 mais, pour les pêches difficiles en étang ou en canal, le 7/100, voire le 6/100 seront nécessaires. La forme du flotteur dépend des conditions de pêche et de la vue du pêcheur. Les formes carotte, fusiforme et effilées sont recommandées pour l'eau calme (étang, rivière lente, canal). Les flotteurs trapus, boule et poire, conviennent bien dans le vent et le courant.
Le flotteur est équilibré soit à l'aide de plombs sphériques, soit avec une olivette et quelques plombs. Le bas de ligne varie de 15 à 20 cm terminés par un hameçon n° 14 à n° 22.

• L'amorce et les esches

L'amorce à gardon est fine à moyenne et de couleur sombre car le gardon est un cyprin craintif. La base d'une bonne amorce à gardon reste la chapelure de pain rousse. Il est bon d'y ajouter des produits sucrés (biscuit, PV1, coprah mélassé...) et des dérivés du grain de maïs (Jaune de Hollande, semoule de maïs fine, tourteau de germes...). Des graines moulues, notamment le chènevis, complètent l'amorce de base.
Les esches animales et végétales plaisent au gardon. Le ver de vase reste le roi des appâts, surtout en canal et en étang. L'asticot, le caster et le ver de terreau (surtout par eau teintée) sont également appréciés. Enfin, les

Une amorce à gardon
– 4 parts de chapelure rousse ;
– 2 parts de PV1 collant ;
– 1 part de coprah sec ;
– 1 part de biscuit ;
– 1 part de semoule de maïs fine ;
– 1 part de chènevis moulu.

Amorçage à la main, sur un poste à poissons blancs.

graines comme le chènevis ou le blé ont l'avantage de sélectionner les plus beaux gardons.

● L'action de pêche

La pêche du gardon est précise et méthodique. L'amorçage se fait en lançant les boules d'amorce un peu en retrait de la pointe du scion.
La ligne est ensuite posée sur le coup amorcé sans s'en écarter. Il ne faut pas hésiter à bouger la ligne en effectuant des arrêts puis des petites tirées sur le flotteur. Ces manœuvres ont pour effet de déclencher les touches même auprès des gardons les plus récalcitrants. Lorsque la touche se produit, le flotteur s'enfonce lentement et profondément Ce n'est qu'à ce moment qu'il faut ferrer sans brusquerie.

Le chevesne

Le chevesne est un cyprin connu pour son robuste appétit. Poisson de surface, il est abondant et se pêche toute l'année. C'est un beau coup de ligne pourvu qu'on utilise des montages fins.

● Le matériel

Une canne au coup à emmanchements peut convenir pour pêcher les chevesnes au flotteur. Cependant, ce poisson est très méfiant et, pour le traquer sans l'effrayer, il est judicieux d'employer une canne à anneaux. Un modèle à l'anglaise d'une longueur de 3,90 m, à la fois fin et léger, est idéal. Le moulinet est à anse de panier ou capoté et sa bobine est remplie à ras bord d'un nylon de 12/100 à 15/100 choisi dans les gammes « anglaise ».
Si un flotteur classique à deux points d'attache peut s'employer, il n'y a rien de mieux qu'un waggler, flotteur attaché uniquement par la base. Un

Le caster

Le caster est un asticot en cours de transformation. Avant de devenir une mouche, l'asticot prend la forme d'un « cocon » marron clair, rougeâtre ou blanc qui est lourd. Bien qu'inerte, le caster est une esche vivante dont raffolent tous les poissons blancs. Il s'emploie comme amorce et comme esche. Il suffit d'utiliser des hameçons à longue tige et très piquants pour le fixer.

modèle léger entre 2 et 6 g permet de couvrir de nombreuses situations. Pour arrêter le flotteur sur la ligne, il suffit de le bloquer entre des plombs de part et d'autre de l'œillet.
Un bas de ligne d'environ 40 à 60 cm, muni d'un hameçon rond et piquant n° 10 à n° 18, complète le montage de la ligne.

• L'amorce et les esches

Au moulinet, l'amorce à base de farines n'est pas indispensable. Au contraire, le chevesne préfère de loin l'apport d'esches animales ou végétales distribuées à bon escient. Les asticots, le caster, les vers de terre ou de terreau sont les plus prisés. Les esches végétales, notamment le chènevis, le blé ou le pain, donnent aussi de bons résultats. Enfin, des appâts plus spécifiques comme le fromage, le sang, la viande, la mousse ou les fruits ne sont pas sans intérêt au fil des saisons.

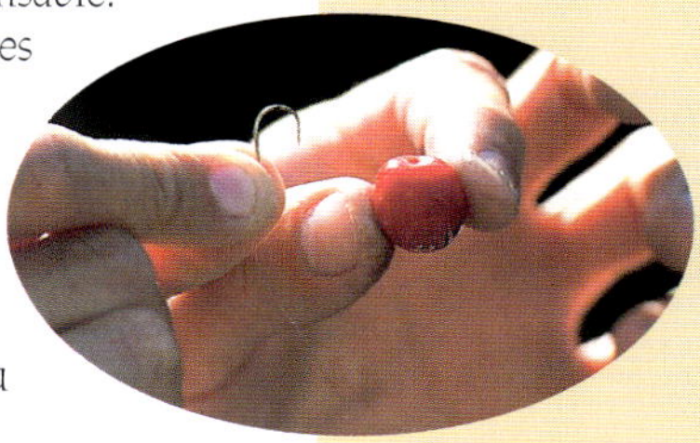

À la fin du printemps, une cerise bien mûre peut tenter un gros chevesne.

La pêche à rôder convient à merveille pour attraper des chevesnes.

Pour amorcer, le mieux est d'employer une petite fronde à poche souple. Le rythme est plus important que la quantité. Il faut se rappeler le principe de la pêche à l'ablette : peu mais souvent.

• L'action de pêche

Les chevesnes affectionnent la proximité de la végétation, les voûtes d'arbres... En été et par eau claire, il est possible de les voir évoluer à fleur d'eau. Après avoir déniché un poste, il suffit de battre le rappel des poissons en lançant quelques esches pures à l'aide de la fronde.
La ligne est lancée sur le coup en douceur. Après avoir noyé la bannière, il suffit de contrôler la dérive de la ligne en posant un doigt sur la bobine du moulinet.
La touche est profonde et rapide. Le ferrage se fait à l'horizontale en s'aidant de l'action de la canne pour ne pas faire fuir les bancs de poissons. Le chevesne est ensuite écarté de la zone de pêche et amené doucement vers l'épuisette.

Poste typique à chevesnes, qui peuvent se tenir embusqués sous les nénuphars ou parmi les roselières de bordure.

Le barbeau

Le barbeau est un cyprin robuste bâti pour le combat, qui fréquente les eaux vives et oxygénées sur fonds de cailloux et de graviers. Sa prise est toujours un moment d'intense émotion pour le pêcheur.

• Le matériel

Pour pêcher le barbeau il faut un matériel adapté à la morphologie de ce poisson. La canne au coup télescopique ou à emmanchements est donc remplacée par un modèle télescopique à anneaux surélevés type canne bolognaise.
Sur cette canne est fixé un moulinet contenant environ 100 à 150 m de nylon de façon à remplir la bobine à ras bord. Le diamètre du nylon est compris entre le 16/100 et le 18/100. Le flotteur est à la fois trapu et

Beau tableau de gros barbeaux pêchés à la longue coulée.

quillé, muni d'une antenne de fort diamètre en plastique. Il est équilibré à l'aide de gros plombs sphériques.
Le bas de ligne est constitué d'un nylon de 12/100 à 14/100 muni d'un hameçon de forme ronde à pointe rentrante. La taille de l'hameçon varie suivant le choix des esches, mais les tailles les plus couramment utilisées sont comprises entre le n° 14 et le n° 18.

Le barbeau *(Barbus barbus)*

Encore un puissant adversaire, cyprinidé d'eau vive habitué à lutter contre les courants les plus puissants. Il est aidé en cela par une morphologie particulière : un corps fusiforme, épaissi vers l'avant, qui se termine par une tête massive dont la mâchoire supérieure porte les barbillons. La bouche, tournée résolument vers le bas – on dit qu'elle se trouve en position infère – indique le comportement alimentaire de l'espèce : il s'agit d'un poisson fouisseur, se nourrissant en retournant les galets de diverses larves aquatiques. Marqueur d'une zone – celle dite à barbeau qui correspond aux rivières encore moyennement rapides –, il se reproduit à la fin du printemps, émettant 4 000 à 8 000 œufs par kilo qui adhèrent aux galets du fond.

L'amorce et les esches

Le barbeau est un poisson vorace qui se gave toutefois assez rapidement. Une amorce à base de farines peut convenir et il existe dans le commerce des amorces prêtes à l'emploi « spécial barbeaux ». Toutefois, pour maintenir un banc de barbeaux en éveil, rien ne vaut l'utilisation des esches pures, encore appelées agrainage. Comme pour le chevesne, l'asticot et le caster sont excellents. On peut également associer le caster avec le chènevis en grains (1/3 de caster pour 2/3 de chènevis cuit). Le blé convient aussi pour l'amorçage. La façon de procéder est

Le chènevis doit être cuit à point, de manière à juste faire sortir le germe.

Le matériel destiné au barbeau doit être particulièrement robuste.

simple. Les graines ou les esches sont lancées soit à la volée à la main, soit à l'aide d'une petite fronde à poche souple.
Les esches déjà citées conviennent pour mettre à l'hameçon. On peut y ajouter la petite bête (larve de la mouche de mai), la mousse (durant les mois chauds) et le fromage, notamment le gruyère et la pâte à tartiner.

L'action de pêche

La ligne est réglée de telle façon que l'appât effleure légèrement le fond. Si elle traîne trop, il se produit de nombreuses fausses touches. Une fois la ligne à l'eau, la dérive est naturelle. La bannière doit rester tendue sans toutefois que la ligne soit bridée. Une touche lente signifie que la ligne s'accroche sur le fond, des galets, des pierres ou un obstacle quelconque. En tirant légèrement sur le nylon, elle se décroche facilement. En revanche, lorsque le flotteur s'enfonce franchement et rapidement, il s'agit d'un poisson. Dès qu'il est pris, le barbeau oppose une défense farouche en s'aidant de sa tête puissante. Lorsque, une fois fatigué, la tête est hors de l'eau, il faut l'amener doucement vers l'épuisette en restant vigilant pour éviter un ultime sursaut.

LES BONS POSTES

Le barbeau est un poisson qui adore les rivières rapides, claires et peu profondes.
Les rivières et les fleuves lui conviennent, mais il colonise également les eaux froides des rivières à salmonidés.
Tous les endroits à fond de cailloux et de graviers lui sont favorables. Les piles de pont, la proximité d'ouvrages, de barrages, de déversoirs, l'aval de vieux moulins sont ses postes de prédilection.

La tanche

La tanche est recherchée par le pêcheur autant pour sa beauté que pour la subtilité de sa pêche. Poisson fantasque, elle se prend souvent par hasard et vient compléter une bourriche mémorable.

• Le matériel

Une canne à emmanchements d'une longueur maximale de 10 ou 11 m convient parfaitement. Le scion creux de cette canne est doté d'un élastique intérieur réparti sur deux brins. Ce système permet d'avoir une réserve d'élastique conséquente pour la lutte avec le poisson.
La ligne est solide, en 10/100 à 14/100, avec un flotteur choisi en fonction du lieu de pêche. En règle générale, on utilise un flotteur de forme trapue : boule olive ou poire très quillé. D'autre part, il ne faut pas hésiter à employer un flotteur muni d'une antenne plastique grossière car il est ainsi possible d'utiliser des esches lourdes et volumineuses sans que le flotteur coule. La plombée est constituée soit de plombs sphériques accolés, soit d'une olivette bloquée et de quelques plombs.

L'OLIVETTE

Cette méthode de plombée a été inventée par Pierre Comte, ancien brillant compétiteur. L'olivette, facile d'emploi, évite la longue corvée de montage des plombs. Il suffit d'enfiler le nylon dans le canal de l'olivette et de la bloquer. Le blocage se fait soit à l'aide de plombs sphériques, soit d'un poil de balai végétal, soit d'un morceau d'élastique roubaisien.

La tanche apprécie les eaux calmes envahies de végétation.

Belle tanche prise au flotteur, à l'aide d'un waggler anglais.

Le bas de ligne, compris entre 30 et 40 cm, est doté d'un hameçon solide de forme ronde nickelé ou bronze choisi en fonction de l'esche employée.

L'amorce et les esches

Comme tous les poissons blancs, la tanche aime l'amorce. Une préparation sombre et sucrée est préférable. La tanche adore les produits mélassés tels que le PV1 collant, le coprah mélassé ou son péché mignon : le pain d'épice.

Comme la plupart des cyprinidés, la tanche apprécie le maïs.

La chapelure de pain blonde ou rousse et moyenne à grosse, les dérivés du maïs tels que la semoule de maïs cuite, le tourteau de germes de maïs ou le gluten, peuvent servir de complément. Enfin, il est toujours bon d'ajouter un peu de terre (terre de Somme, de taupinière, etc.) pour améliorer le mélange.

À cette amorce il faut ajouter des esches, fouillis, asticots, blé ou maïs. Les plus courantes pour prendre la tanche sont le ver de vase (un bouquet de plusieurs vers), l'asticot, le ver de terreau, le blé cuit ou le maïs.

Une noquette de pain ou un petit cube de pain d'épice peuvent aussi décider ce beau poisson, les jours où il se montre capricieux.

LES BONS POSTES

La tanche est un poisson qui aime l'eau calme et peu agitée : les étangs et les lacs sont donc ses lieux de prédilection. Ce cyprin adore également la végétation. Les petits étangs encombrés, les canaux désaffectés remplis d'herbes aquatiques, de lentilles d'eau et de nénuphars sont à rechercher en priorité.

L'action de pêche

Après avoir sondé le coup avec précaution, l'amorçage se fait à l'aide d'une dizaine de boules truffées d'esches. La tanche est un poisson méfiant et il vaut mieux éviter de l'apeurer en rappelant à l'aide de l'amorce. Le rappel se fait soit à l'aide d'esches pures, soit en utilisant une coupelle sur la canne.

La ligne est réglée de telle façon que l'esche traîne sur le fond. Lorsque la touche se produit, le flotteur frémit légèrement avant de s'enfoncer lentement et profondément.

La défense de la tanche est lourde et obstinée. L'emploi de l'élastique est alors justifié. La tanche a pour habitude de tournoyer sur place ou de revenir vers la berge. Il faut donc garder le contact en permanence avec le poisson en contrariant sa défense dans le sens opposé. Une fois fatiguée, la tanche est amenée délicatement à l'épuisette...

La brème

Poisson prolifique, la brème est présente et abondante dans toutes nos eaux. Souvent décriée par le pêcheur en raison de son mucus désagréable, la brème est un poisson qui mérite le détour. Elle permet de réaliser des bourriches conséquentes de plusieurs dizaines de kilos.

Le matériel

La canne roubaisienne à emmanchements munie d'un élastique intérieur est l'instrument de base pour capturer des brèmes.

La brème offre toujours une défense vigoureuse lors de ses premiers départs.

Il convient de respecter la taille de l'élastique, qui doit être adapté au diamètre du nylon. Il est dangereux d'employer un élastique fin avec un nylon de fort diamètre et inversement.

La ligne est comprise entre le 8/100, nylon de base, et le 14/100 pour prendre de très gros poissons. Comme pour les autres cyprins, les flotteurs de forme allongée à quille courte sont réservés à l'eau calme. Les flotteurs trapus de forme boule ou poire, très quillés et porteurs, sont idéals dans le courant et le vent.

Pour la plombée, une olivette et quelques plombs d'appoint sont parfaits et donnent une bonne stabilité à la ligne.

Le bas de ligne mesure entre 15 et 30 cm. L'hameçon est compris entre le n° 20 ou le n° 22 pour les brèmes difficiles ou les petits sujets et le n° 10 (grosses brèmes en fleuve ou en rivière).

Blé cuit, pouvant servir d'esche et d'amorce.

• L'amorce et les esches

La brème est un cyprin qui adore l'amorce, au point de s'en gaver. Les amorces de couleur claire, blanche ou jaune ne la dérangent pas, bien au contraire. Si la chapelure de pain blonde et blanche constitue la base de toute amorce sérieuse, les dérivés du maïs (semoule, gluten, gaude...), l'arachide grasse et l'œillette moulue fonctionnent également très bien. À défaut d'une préparation laborieuse, on peut s'en tenir aux amorces du commerce car toutes les grandes marques possèdent dans leurs gammes des amorces « brèmes » parfaitement dosées et adaptées. Les esches les plus courantes sont le ver de vase, l'asticot, le ver de terreau et le grain de blé (surtout en été). Il faut y ajouter le pain, le grain de maïs et le caster.

LES PANACHÉS

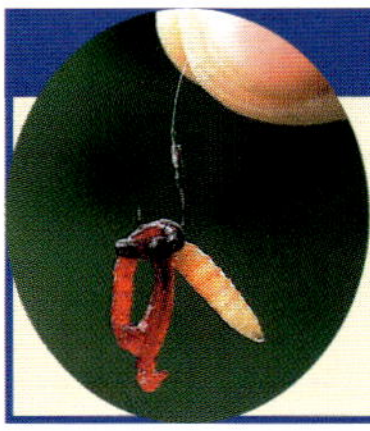

En matière de pêche, on appelle panachés l'association de deux esches à l'hameçon. Les gros poissons, et notamment les brèmes, sont friands des panachés. Les plus courants sont vers de vase-asticot, vers de vase-terreau, asticot-pâte synthétique, etc.

• L'action de pêche

L'amorçage peut être copieux car la brème se déplace par bancs importants : de 10 à 15 boules au départ ne sont donc pas de trop. Lorsqu'un banc de brèmes arrive sur coup amorcé, il se produit des bulles facilement décelables. Ces « fouilles » sont nombreuses et ressemblent à un pétillement d'eau gazeuse. Après sondage, la ligne est réglée pour faire traîner l'esche sur le fond. La brème aimant les esches statiques, la ligne doit rester bloquée sur le coup amorcé : d'où la nécessité d'utiliser une ligne suffisamment lourde (1 g au minimum). La touche de la brème se traduit par un flotteur qui se relève ou se met à plat. Au ferrage, l'élastique doit sortir immédiatement pour être en contact avec le poisson. Pour maintenir les brèmes sur un coup, il ne faut pas hésiter à jeter de l'amorce très lourde. Le bruit provoque une réaction favorable de la brème toujours à la recherche de nourriture.

Les boulettes d'amorce ont été préalablement confectionnées avant usage.

LA BRÈME *(Abramis brama)*

Son autre appellation de « plateau » fait référence au corps de la brème, ovalaire, presque discoïdal et très aplati latéralement, recouvert de grandes écailles argentées. Ces dernières chez le mâle peuvent renvoyer des éclats dorés du plus bel effet durant la phase reproductrice. La grande brème peut peser jusqu'à 5 kg pour une longueur de 60 à 70 cm. Tout comme la tanche, il s'agit d'un poisson nonchalant appréciant les eaux calmes et chaudes, où elle signale sa présence (son travail de fouille au fond) par des nuages de bulles crevant la surface. Elle est alors occupée à se nourrir de menus invertébrés (vers, crustacés, mollusques, larves d'insectes), voire de débris végétaux. Sa reproduction se déroule en juin, quand la température de l'eau atteint 15 °C. Chaque femelle peut pondre jusqu'à 40 000 œufs par kilo qui incubent en une quinzaine de jours.

La perche

Magnifique carnassier vivant en bancs, la perche se mêle fréquemment aux poissons blancs. Lorsqu'elle est jeune, elle se nourrit principalement de larves et d'insectes. Ensuite, elle devient piscivore, s'attaquant aux alevins qui constituent sa nourriture principale.

• Le matériel

La canne au coup à emmanchements ou télescopique convient tout à fait pour capturer des perches. Un scion souple et flexible en carbone est adapté. Cependant, si l'endroit pêché recèle de beaux sujets, mieux vaut prévoir un scion creux à élastique intérieur.

La ligne est simple et classique, semblable à celle utilisée pour la pêche des poissons blancs, et un nylon de 10/100 à 14/100 est suffisant. Le flotteur est de préférence de forme allongée, de style carotte ou goutte d'eau, et est équilibré à l'aide de quelques plombs ronds accolés qui donnent une grande souplesse à la ligne. Un bas de ligne de 20 à 30 cm complète le montage.

• L'amorce et les esches

La perche se prend fréquemment sur des coups amorcés destinés aux poissons blancs. C'est un poisson qui aime les esches vivantes, notamment le fouillis de vers de vase. Pour rassembler un banc de perches, l'amorce la plus simple consiste à employer uniquement de la terre tamisée et des esches animales, fouillis ou asticots. À l'hameçon, un ou deux vers de vase ou un asticot blanc sont les esches les plus efficaces. Il ne faut pas oublier le petit ver de terreau frétillant ou la petite bête.

Panaché ver de vase-ver de terreau… un appât miracle !

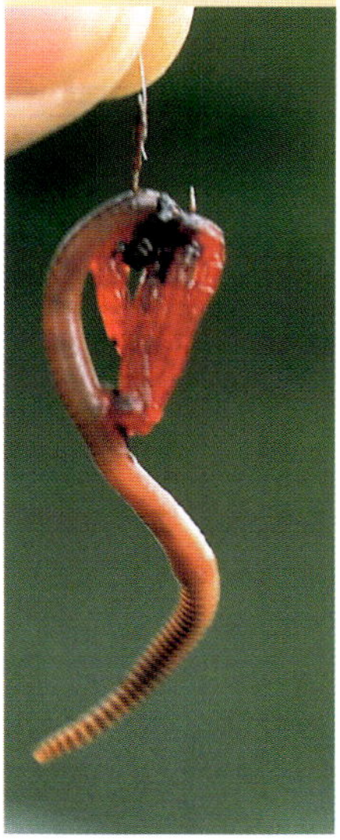

L'action de pêche

Les postes à perches sont situés près des berges encombrées. La proximité d'un obstacle – arbre mort, branchages surplombant la surface de l'eau –, la présence de végétation – roselières, nénuphars, herbes aquatiques – sont des endroits où les perches se tiennent à l'affût. Après un amorçage de quelques boules de terre truffées d'esches, réglez la ligne pour qu'elle se situe légèrement au-dessus du fond. Pour pêcher les perches, il ne faut pas hésiter à changer de profondeur fréquemment car elles évoluent en effet aussi bien sur le fond qu'entre deux eaux.

La touche de la perche est profonde et rapide. Au ferrage elle se défend vaillamment par tirades. Avec un peu d'habitude, on reconnaît le poisson avant de l'avoir mis au sec. La gueule de la perche est fragile. Il faut donc faire attention au moment de l'amener vers l'épuisette...

LA FORME DES HAMEÇONS

Il existe trois formes d'hameçons couramment employées. La forme dite crystal, la forme ronde et la forme ronde à pointe rentrante. La première est utilisée pour les hameçons fins et les esches fragiles. La forme ronde est un peu passe-partout. Enfin, la forme ronde à pointe rentrante s'adresse à des esches importantes et à des poissons de taille conséquente.

Types de pointe

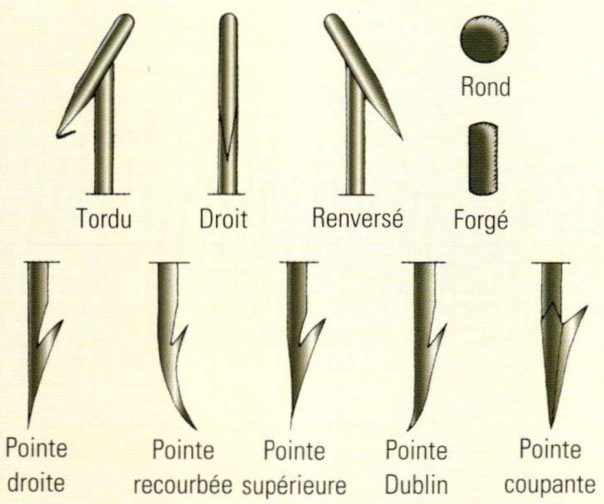

Parties d'un hameçon

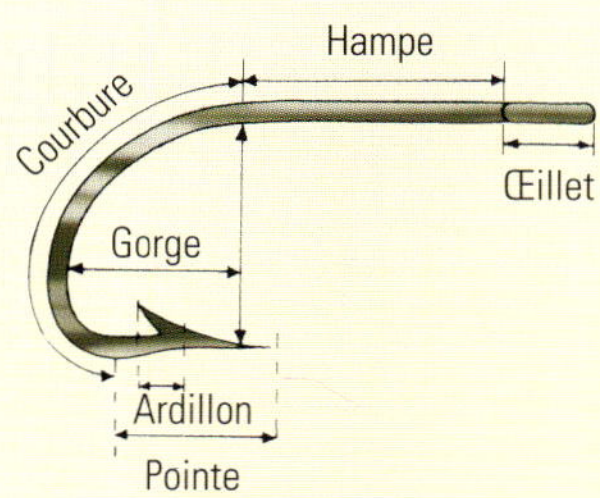

La truite arc-en-ciel en pisciculture

La truite arc-en-ciel est moins noble que la célèbre fario. Ses besoins sont moins exigeants et elle peut évoluer dans des milieux de qualité moyenne. Mais bien que domestiquée, la truite arc-en-ciel, reine des enclos piscicoles, est un poisson qu'il ne faut pas dédaigner.

• Le matériel

Une canne au coup classique ou un modèle à anneaux type canne anglaise peuvent s'employer pour cette pêche. Un nylon de fort diamètre est sécurisant mais il n'offre guère de chances au poisson. Un nylon fin de 12/100 à 16/100 est donc préférable. En ce qui concerne le flotteur, on choisira un modèle classique à antenne plastique et porteur pour la ligne au coup. Avec la canne anglaise, un waggler léger (de 2 à 6 g environ) et prélesté est tout indiqué. Attention de bien équilibrer ces flotteurs au ras de l'antenne. Le bas de ligne, long de 40 cm environ, est terminé par un hameçon rond n° 10 à n° 14.

Schéma de montage pour pêcher la truite à l'anglaise

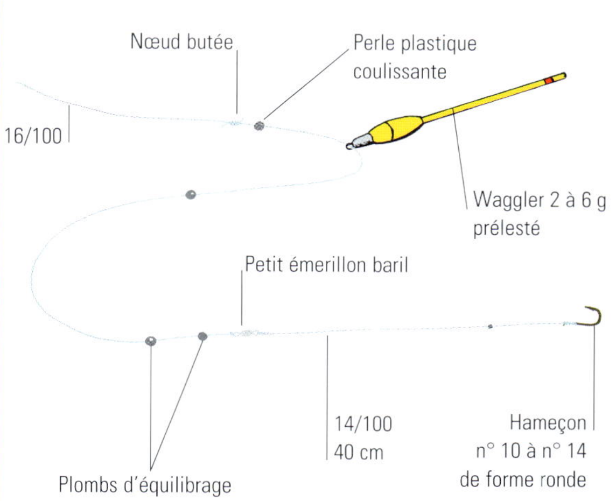

• L'amorce et les esches

Dans les bassins et les enclos piscicoles, l'amorçage à base de farines est bien souvent proscrit. Il en est de même de l'agrainage à l'asticot. Si tel n'est pas le cas, le mieux est alors d'employer une recette du commerce « spécial truites ». Dans certains bassins de pisciculture, les truites sont tellement voraces et affamées qu'il est impossible de poser la ligne sans en prendre une. Mieux vaut rechercher les réservoirs d'une longueur et d'une largeur importante, où les truites sont plus éduquées. Vous pouvez alors les rassembler par un amorçage léger à l'aide de granulés (vendus désormais dans le commerce). Ces granulés peuvent se mettre également à l'hameçon. En dehors du ver de terre ou de terreau, la truite arc-en-ciel est sensible aux couleurs et à des esches particulières comme le grain de maïs, le fromage ou la pâte.

La canne anglaise, aux performances étonnantes, permet de pêcher au large à grande distance... un avantage quand les truites patrouillent loin du bord !

LA PÂTE À TRUITES

Il existe désormais des pâtes à truites destinées à la pêche en enclos piscicole. Ces pâtes aux couleurs chatoyantes mêlées de paillettes n'ont pas leur pareil pour tenter la truite arc-en-ciel. Aromatisées au fromage ou à la crevette, il est toujours bon d'en avoir dans son panier.

La truite arc-en-ciel apprécie autant les pâtes synthétiques que les granulés, excellents, employés comme esches ou amorce.

L'action de pêche

Les truites ont tendance à se déplacer sans rester sur un poste fixe. Si elles se tiennent au large, la canne anglaise est la plus indiquée pour aller les chercher. Que ce soit à la canne au coup ou à l'anglaise, la ligne est réglée pour évoluer entre deux eaux ou près de la surface car il est rare que la truite se tienne au ras du fond. La touche est rapide et profonde. Le flotteur doit alors disparaître complètement avant le ferrage. Avec un fil fin, la défense de la truite est riche en émotions. Sa fuite est rapide et elle n'hésite pas à sauter au-dessus de l'eau pour tenter de casser le montage. À l'anglaise, utilisez le moulinet en donnant du nylon. Avec la canne au coup, plongez le scion dans l'eau lors du départ en trombe. Même sur le point de la glisser dans l'épuisette, il est bon de rester prudent car la truite peut, au dernier moment, redémarrer dans un soubresaut...

La pêche au vif

Cette technique est excellente pour capturer des carnassiers. Elle se pratique dans les rivières, les étangs et les lacs de seconde catégorie et, en insistant sur les postes propices, elle rend possible la prise de très gros spécimens. Très simple à mettre en œuvre, elle permet de visualiser avec une rare acuité tout ce qui se passe sous l'eau, l'activité du vif étant directement transmise au flotteur.

Ces deux flotteurs à voie ou insert driver permettent de rechercher les carnassiers, au vif, loin au large.

L'équipement de base

• Des cannes et des moulinets robustes

La robustesse et la solidité du matériel seront à privilégier car il est assez fréquent de toucher des grosses pièces. Une canne télescopique ou téléréglable de 4 à 5 m faite pour supporter des lignes de 40 à 80 g est parfaite pour le brochet et pour le gros sandre. Pour le sandre moyen, la perche et le black-bass, une canne un peu moins puissante apportera plus de confort et sera plus agréable lors du combat avec un poisson. Le moulinet ne joue pas un rôle important puisqu'il sert principalement de réserve de fil. Un moulinet à lancer léger au mécanisme simple convient parfaitement et il n'est pas nécessaire de rechercher les modèles les plus sophistiqués. Il faut tout de même veiller à la qualité et à la progressivité de son frein. Le choix du diamètre de nylon à utiliser doit tenir compte du carnassier recherché et de l'encombrement des eaux dans lesquelles on va pratiquer.

Un vif immobilisé au beau milieu des herbiers peut tenter aussi bien une perche qu'un brochet ou, surtout, un black-bass.

Des lignes bien étudiées

La construction de la ligne intervient pour une part importante dans le succès d'une partie de pêche. De son agencement dépendent la qualité de la présentation du vif. Le flotteur est l'élément de base. Chez les détaillants, toutes sortes de formes sont disponibles. Les formes allongées sont à réserver pour les eaux calmes et les poissons difficiles. Les formes plus rondes, on parle alors de boules, sont parfaites lorsque l'on pêche dans des rivières où le courant peut être soutenu. Pour régler convenablement le fond, le stop-flotteur en caoutchouc est indispensable.

L'équilibrage du flotteur va être particulièrement important. À cet effet, on utilise généralement une olive coulissante. Pour que le flotteur soit bien équilibré, il faut respecter les instructions généralement données par le fabricant. Un flotteur de 10 g est prévu pour recevoir une plombée de 10 g et il ne faut absolument pas tenir compte du poids de l'appât.

Les accessoires indispensables

Certains petits accessoires facilitent grandement la pêche au vif.

- Le seau à vifs et son traditionnel vivier permettent de transporter et de récupérer facilement les poissonnets.
- L'aiguille à locher, qui permet de faire passer le nylon au travers du corps de l'appât, sera indispensable si vous installez un hameçon sur le dos de votre vif.
- Les supports cannes permettent de disposer ces dernières le long de la berge en toute sécurité.
- Le run-clip est un petit accessoire bien pratique. Disponible en plusieurs tailles, il se fixe sur la canne juste au-dessus du moulinet et sert à bloquer le déroulement de la ligne.
- Une épuisette large mais légère ne sera pas de trop pour mailler un gros brochet ou un joli sandre. Plus tard, avec beaucoup d'expérience, il sera possible de récupérer les poissons à la main, mais cela est une autre histoire…

Le seau à vifs, indispensable pour le transport des poissonnets vivants.

Le bâillon évite les blessures infligées par les dents acérées du brochet.

Le brochet

Magnifique capture réalisée par un pêcheur en herbe.

Star de nos eaux douces, le brochet est sans aucun doute l'une des espèces les plus convoitées par les pêcheurs au vif. Il faut dire que ce superbe prédateur n'a pas son pareil pour se laisser tenter par un bel appât bien présenté.

• Le matériel

Trois ou quatre cannes de 5 à 6 m, assez puissantes et équipées de solides moulinets, constituent la base de l'équipement. Les moulinets seront garnis de nylon de 30/100 à 35/100 non fluorescent. Pour la ligne, un flotteur élancé pouvant supporter 15 ou 20 g sera parfait. Pour la plombée, inutile de se creuser la tête, une simple olive percée suffit. En revanche, le brochet a la réputation non usurpée d'être un féroce prédateur, et ce n'est pas la vision de ses quelque 700 dents coupantes qui amène à penser le contraire. Il est donc indispensable d'utiliser un bas de ligne performant comme ceux en acier gainé de nylon.

Il faut ensuite fixer l'appât sur l'hameçon (escher le vif), en utilisant de préférence un dispositif qui permet de ferrer dès que le poisson a pris le vif.

• Les vifs

Le pêcheur de brochets ne doit pas hésiter à utiliser de jolis vifs, si possible des espèces présentes dans les eaux pêchées. Gardons, rotengles et carpillons font partie des appâts les plus prisés, mais certains spécialistes n'hésitent pas à employer des chevesnes ou des vandoises. Moins classiques mais également fort efficaces, un gros goujon, une perche, voire plusieurs vairons eschés en grappe sur un seul hameçon, peuvent être utilisés.

Le brochet *(Esox lucius)*

On le nomme généralement « Grand Gousier », ou encore « Maître Esox », ce magnifique chasseur, carnassier exclusif. Tout en lui évoque l'ogre de nos eaux douces : un corps puissant, fusiforme, des mâchoires d'acier armées de quelque 700 dents affûtées comme des rasoirs. Sa robe, vert bronze, lui confère le plus parfait des mimétismes. Et au-delà de tous ces atouts qui font de lui le prédateur absolu, placé au sommet de la chaîne alimentaire dans nos écosystèmes aquatiques, ce regard inquiétant, féroce. Pourtant, comme tout prédateur, le brochet sait limiter son appétit : il mange peu, se contentant souvent de poissons malades ou affaiblis. À ce titre, il exerce un rôle sanitaire essentiel dans nos étangs et rivières. L'implantation de sa nageoire dorsale, très en arrière, indique son appartenance à une famille dont il est l'unique représentant en Europe : celle des ésocidés. Pour localiser ses proies, la nature a offert au brochet des adaptations originales : une succession de petits trous – les pores céphaliques – répartis sur les mâchoires, le renseignent sur toute modification de pression ou de volume en milieu liquide signalant l'arrivée d'une proie. L'espèce se reproduit de février à mai, dans les herbiers de bordure des étangs, et les zones inondables ou bras morts en rivière. Chaque femelle pond 20 000 œufs environ par kilo qui incubent rapidement – une dizaine de jours – pour une température de l'eau de 10 °C. Rapidement, les alevins deviennent carnassiers, dévorant tout d'abord alevins et larves d'insectes… quand ils ne se livrent pas au cannibalisme !

Les bons postes

La réussite passe par la recherche des postes favorables au brochet. Les arrivées de petits cours d'eau, les abords des bancs de nénuphars ou encore les bordures de roselières, autant de postes propices pour tendre le piège. Les alentours des fosses ne sont pas à négliger pour autant car elles sont souvent la promesse qu'un beau poisson puisse se tenir dans le secteur.

La canne téléscopique à anneau est à privilégier.

• L'action de pêche

Si le brochet est présent et mordeur, le vif ne va pas tarder à montrer de nombreux signes d'inquiétude. Enfoncement soudain mais de courte durée du flotteur, écarts latéraux, entêtement du vif à remonter continuellement vers la surface, autant de signes qui doivent mettre le pêcheur sur le qui-vive. La touche intervient alors assez rapidement et se manifeste presque toujours par une plongée brutale du flotteur. Sous l'impulsion, la ligne va se libérer rapidement du run-clip sous lequel on aura préalablement glissé une boucle de nylon. Le brochet va aussitôt emmener sa capture vers un endroit où il pourra la consommer en toute quiétude. C'est lors de ce déplacement qu'il faudra le ferrer si l'on a opté pour un ferrage à la touche. Celui-ci doit toujours être appuyé et assez ferme, car la gueule du brochet est dure et il n'est jamais bien évident d'y faire pénétrer la pointe et l'ardillon de l'hameçon. Si on a opté pour un ferrage retardé, il faudra attendre quelques secondes, voire un peu plus : le flotteur doit remonter à la surface après un premier départ. Cela signifie que le brochet retourne sa proie et l'enfourne tête la première dans son œsophage : c'est ce qu'on appelle l'engamage. Il faut donc attendre un nouvel enfoncement du flotteur avant de ferrer.

Ce minuscule brochet doit bien sûr être remis à l'eau. Remarquez la blessure infligée au niveau de la nageoire caudale, sûrement par l'un de ses congénères.

Le sandre

Discret mais souvent abondant, le sandre se laisse généralement séduire par un petit vif correctement présenté. Il arrive de temps à autre qu'on pêche un sandre alors que l'on recherchait un brochet. Pour en prendre régulièrement, rien ne vaut cependant une recherche spécifique.

• Le matériel

Il faut des cannes polyvalentes capables de contenir les assauts des sandres, de lancer éventuellement la ligne à proximité d'un remous, ainsi que de contrôler la dérive de la ligne dans un courant. Une canne télescopique de 4 à 5 m d'une puissance allant de 25 à 50 g sera parfaite. Le sandre est un poisson méfiant, il est donc préférable de garnir le moulinet avec un nylon de 20/100 à 24/100.

La ligne doit être la plus légère possible et surtout être parfaitement équilibrée car le sandre n'a pas son pareil pour détecter rapidement la super-

Une ligne pour le sandre

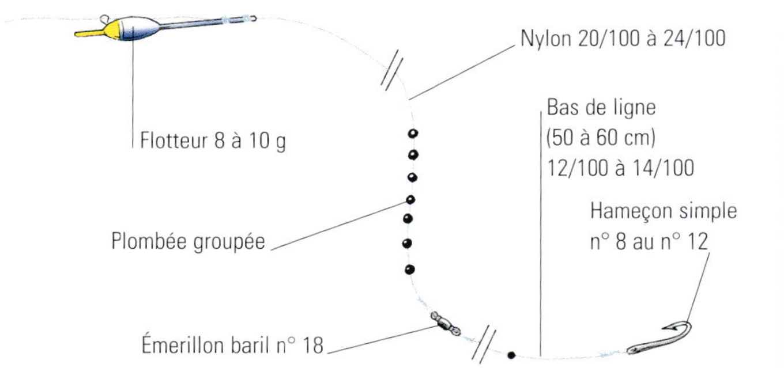

LE SANDRE *(Stizostedion lucioperca)*

Autrefois inconnu chez nous, le sandre a fait ses premières vraies apparitions en France dans les années 60. Et c'est à partir de 1970, sous l'impulsion d'Albert Drachkovitch, que sa pêche s'est réellement développée, cela en relation avec l'explosion de ses populations. Le sandre est un percidé, dont les deux dorsales sont presque jointives. Sa bouche, allongée, est armée de dents acérées transformées en véritables canines. Le haut de ses flancs, gris sombre, contraste avec des flancs plus clairs zébrés transversalement de noir. Toutefois, ces zébrures sont beaucoup plus diffuses et moins visibles que chez la perche. Le sandre se reproduit à la fin du printemps, en eau profonde (5 à 7 m). Les œufs, au nombre de 200 000 par kilo, sont déposés dans un nid préalablement aménagé par le mâle ; ils incubent en dix jours environ. Le sandre est un prédateur actif, consommant essentiellement des poissons qu'il chasse parfois en véritables meutes, notamment quand il s'agit de sujets de taille moyenne.

cherie. Il faut prévoir un flotteur pesant entre 6 et 10 g et l'équilibrer à la perfection. Un flotteur a même été spécifiquement conçu pour la pêche du sandre : le sensi-sandre.

Les vifs

Les petits gardons et rotengles, les ablettes ainsi que les goujons et les vairons font partie des vifs les plus réputés pour traquer le sandre. Avec des vifs de petite taille, les eschages devront être soignés si l'on souhaite qu'ils vivent longtemps. Le sandre est un adversaire rusé qui, dès qu'il sent la piqûre d'un hameçon, est capable de recracher aussitôt vif et hameçon sans se faire piquer. Le plus sage est de prévoir un armement qui permette de ferrer rapidement.

Les eschages de base

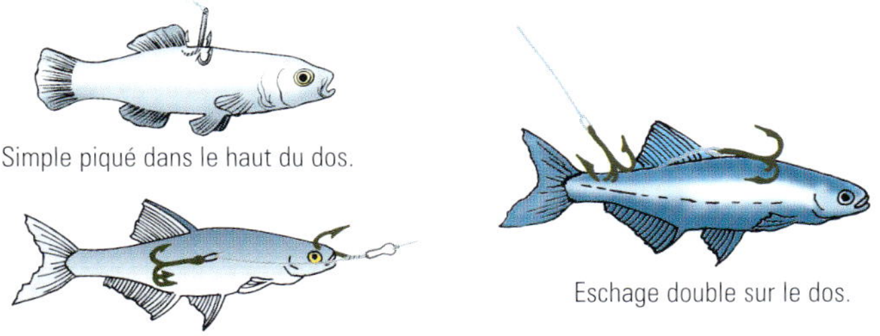

Simple piqué dans le haut du dos.

Eschage double sur le flanc et par le nez.

Eschage double sur le dos.

L'action de pêche

Pour ne pas éveiller l'attention du sandre, il convient d'éviter tout bruit suspect lors de l'installation sur le poste. Il est préférable de conserver ses montages sous la canne en bridant le fil à l'aide d'un run-clip. Les cannes seront rapprochées de telle sorte qu'elles puissent être suivies en perma-

L'animation du vif peut faire toute la différence !

Les bons postes

Pour pêcher le sandre au vif, il ne faut pas hésiter à le rechercher dans les postes encombrés, tout spécialement en barque, où l'on peut déposer sa ligne et la maintenir à la verticale. Cette méthode, qui permet de pêcher des postes désertés par la plupart des autres pêcheurs, se révèle particulièrement efficace pour prendre un très gros sandre. Bien entendu, dès que la touche survient, il faut faire très vite pour extirper la prise du fouillis végétal où elle ne manquera pas de se réfugier.

L'œil caractéristique du sandre, habitué à voir dans l'obscurité.

nence du regard. Les bruits de pas sont à proscrire. Sitôt son piège tendu, le pêcheur a tout intérêt à se positionner en retrait de quelques mètres de la berge. On peut alors espérer rapidement la touche. Dès que cette dernière intervient, il faut vite se saisir de la canne, rabattre l'anse de panier de son moulinet et ferrer aussitôt. Si le poisson semble rester immobile puis qu'il donne des coups de tête prononcés, il y a de fortes chances pour qu'il s'agisse d'un gros spécimen. Même s'il n'a pas la réputation d'être un farouche lutteur, un sandre ne doit jamais être pris à la légère. Il convient donc de le brider avant qu'il ne gagne son repère puis de l'amener à l'épuisette lorsqu'il montrera des signes de faiblesse.

Le flotteur coulissant permet de prospecter, au vif, les grandes profondeurs, en maintenant le poissonnet au-dessus du fond.

Ferrage retardé

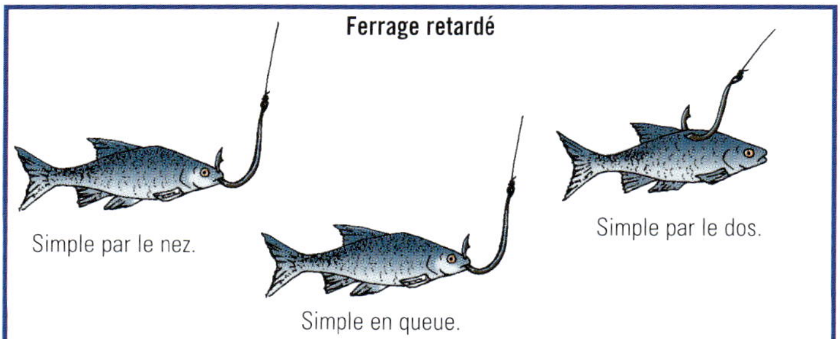

La pêche à la dérive

Dans certaines régions, et notamment sur les bords de la Loire, nombreux sont les spécialistes qui pratiquent la longue coulée. Cette technique consiste à lancer la ligne assez loin devant soi et à la laisser dériver dans le courant jusqu'au moment où elle atteint les zones favorables. Très redoutable, elle implique bien sûr de ne pêcher qu'avec une seule canne et d'utiliser un eschage qui permette des ferrages performants à longue distance.

La perche

Réputée pour sa curiosité et son agressivité, la perche est un carnassier tout désigné pour faire ses premières armes dans la pêche au vif. Grégaire car elle vit souvent en banc, elle permet des séries de captures qui impressionneront tous vos amis.

Le matériel

Même si l'on recherche les plus gros spécimens, qui peuvent atteindre exceptionnellement jusqu'à 2 kg, il n'est pas nécessaire d'utiliser une canne très puissante. Une simple canne téléréglable à anneaux convient. Une forte canne pour pêcher à l'anglaise sera également excellente car elle permettra de lancer la ligne en douceur et à bonne distance. Sur le moulinet à tambour fixe, un nylon neutre de 18/100 ou 20/100 sera largement suffisant.

En ce qui concerne la conception de la ligne, il va de soi que la légèreté prévaut. Un flotteur de forme effilée pouvant supporter 4 g sera parfait. En présence de courant assez vif ou de grandes profondeurs, on pourra utiliser une plombée un peu plus lourde, sans jamais dépasser 6 g. Pour attiser la curiosité des perches, il ne faut pas hésiter à utiliser des plombs brillants.

La perche est dotée d'une nageoire dorsale armée de nombreux rayons acérés.

Les bons postes

L'idéal est de prospecter les secteurs encombrés par de nombreux arbres morts ainsi que tous les endroits pierreux où les nombreux éboulis constituent des postes de premier choix. Les abords des ouvrages d'art (ponts, écluses ou déversoirs) sont en général excellents, mais il convient de se renseigner auparavant sur leur éventuelle mise en réserve. Dans les plans d'eau, les bancs de nénuphars ainsi que tous les endroits où se concentrent de jeunes poissons blancs et les inévitables chasses de prédateurs que cela entraîne seront autant d'indices à surveiller.

La perche apprécie les vifs remuants comme le goujon.

Les vifs

Les vifs les plus utilisés sont assurément le vairon, le goujon ainsi que les ablettes. Il arrive parfois que les perches exercent leur prédation sur des proies très petites. Il faut dans ce cas utiliser de petits ables (dos vert) ou de tout petits rotengles.
Pour les eschages, il faut tenir compte de la petite taille des vifs. L'idéal est de leur clouer les lèvres à l'aide d'un hameçon simple n° 4 à n° 8 en fonction du gabarit du poissonnet.

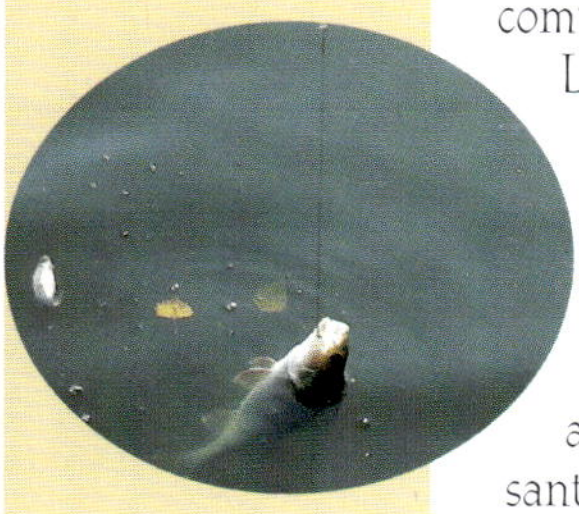

L'action de pêche

La traque de la perche est extrêmement intéressante car il faut aller au-devant du poisson. Au bord de l'eau, une seule canne sera suffisante pour rechercher la belle zébrée. Sur chaque poste, on dispose déli-

LA PÊCHE À LA PETITE BÊTE OU AU VER DE TERREAU

Au cours du printemps, la perche exerce sa prédation en grande partie sur de petites proies. C'est la période idéale pour la traquer à l'aide d'une ligne très légère (de 2 à 3 g au maximum). On peut alors utiliser comme appât un ou plusieurs petits vers de terreau, ainsi que la fameuse petite bête, qui n'est autre que la larve de la célèbre mouche de mai. On récolte cette esche en tamisant les sédiments sablonneux et vaseux des rivières de première catégorie. Ce véritable aimant à perches est accroché à un hameçon fin en fer n° 10.

De telles perches sont rares... mais quel plaisir de les capturer !

Les bons moments

On peut prendre des perches au vif tout au long de l'année, mais il semble tout de même que deux périodes se partagent la vedette. La seconde quinzaine d'août voit des rassemblements d'alevins énormes derrière lesquels on trouve souvent des bancs de perches de taille moyenne particulièrement actives. Au mois de novembre, après les premiers coups de froid, on assiste à un rassemblement des grosses perches qui, d'habitude, vivent séparées. Elles se concentrent alors dans les grandes fosses en rivière et sur les cassures profondes dans les grands lacs de barrage.

catement la ligne et on tient en laisse le vif dans le secteur propice.
Si rien ne se passe au bout de quelques minutes, il est préférable de passer au poste suivant. On renouvelle l'opération autant de fois que nécessaire jusqu'à ce que l'on obtienne une première touche. Cette dernière se manifeste généralement par une brutale plongée du flotteur ou par un déplacement latéral très rapide. Il faut ferrer sans attendre et amener délicatement la perche jusqu'à la rive. Si nécessaire, munissez-vous d'une petite épuisette car la perche possède une gueule très fragile et il peut arriver qu'elle se décroche alors qu'on la hisse sur la berge. On peut prendre coup sur coup plusieurs spécimens généralement de taille similaire puis, subitement, on n'obtiendra plus aucune touche. Le banc de perches s'est sans doute déplacé ou s'inquiète de voir ses rangs s'éclaircir. Il faut alors changer de secteur afin de retrouver un banc plus actif.

Le black-bass

Poisson de sport unanimement reconnu, le black-bass est sans nul doute un des poissons les plus palpitants à traquer avec une ligne flottante et des appâts naturels. Du printemps jusqu'à l'automne, cette technique permet de capturer avec régularité de magnifiques achigans.

• Le matériel

Pour cette technique, il faudra choisir une canne bonne lanceuse. Une forte canne à l'anglaise pourra convenir, notamment si l'on utilise de petits appâts.
Autrement, on pourra utiliser une canne à lancer d'environ 3 m. Le moulinet à lancer léger sera garni d'un nylon de 20/100 à 24/100, en fonction de l'encombrement des eaux pêchées et de la taille usuelle des black-bass.
La conception de la ligne mérite quelques approfondissements. Le black-bass est un poisson assez versatile. Il peut pendant quelques minutes se placer juste en dessous de la surface, puis rejoindre brusquement des fonds plus importants. Il faut donc construire des lignes évolutives, capables de s'adapter à ces changements de comportement. Un petit flotteur coulissant de 5 g, bloqué par un stop-flotteur (petite butée en caoutchouc) sera parfait. À l'olive peu discrète lors du lancer, on préférera un

Durant toute la belle saison, le black-bass aime s'embusquer parmi la végétation de bordure. Les arbres immergés lui offrent un refuge de choix !

chapelet de petites chevrotines. L'hameçon simple sera choisi en fonction de l'appât sélectionné.

● Les vifs

Le black-bass a des goûts alimentaires très variés. Il peut se nourrir de petits poissonnets, mais il est également friand d'insectes aquatiques ou subaquatiques (libellules ou sauterelles, par exemple). Un gros lombric ou un ver canadien peuvent également faire partie de son régime alimentaire. Et, les jours difficiles, les teignes, les vers d'eau ou les petites bêtes (les larves de la mouche de mai) ne sont pas non plus à négliger.

● L'action de pêche

L'idéal reste la pêche à vue, qui présente de nombreux avantages. Elle permet bien entendu de localiser les black-bass et leur positionnement dans la colonne d'eau, mais également de visualiser le type de proies que pourchassent les achigans.

L'éthique du « bass man » moderne exige, en France, de remettre ses poissons à l'eau.

Tout en restant discret, il va falloir lancer l'appât près du black-bass, mais pas trop, afin de ne pas l'effrayer. Il se peut que la touche intervienne aussitôt mais, bien souvent, le black-bass ne va pas se manifester. Il faudra alors animer l'appât en le ramenant par de petites tirées, suivies de pauses plus ou moins marquées. On peut aussi faire passer le montage juste devant le carnassier. Une tirée un peu plus prononcée suggère la fuite de l'appât et provoque la réaction du prédateur. Il faut alors se garder de ferrer trop tôt, ce que l'on est toujours tenté de faire lorsque l'on observe la scène. Au contraire, il faut laisser la ligne filer pour ferrer ensuite.
S'il n'est pas possible de pêcher à vue, on adoptera la même technique faite de tirées et de petites pauses, mais plus en profondeur. Certes moins palpitante, cette recherche n'en est pas moins productive et, très souvent, l'ultime recours lorsque les achigans dédaignent les leurres.

Le buldo

Pour la pêche aux appâts naturels en surface, cette petite bulle de plastique présente de nombreux avantages. Les modèles transparents sont très discrets et échappent à la vigilance des black-bass méfiants. Le buldo se lance très bien et permet d'expédier en douceur et sans lest supplémentaire des appâts qui doivent évoluer très près de la surface (sauterelle par exemple). De plus, les petits remous qu'il crée lors de la récupération semblent intriguer les carnassiers qui, irrésistiblement, pointent le nez en direction de l'appât qui ondule quelques dizaines de centimètres derrière lui.

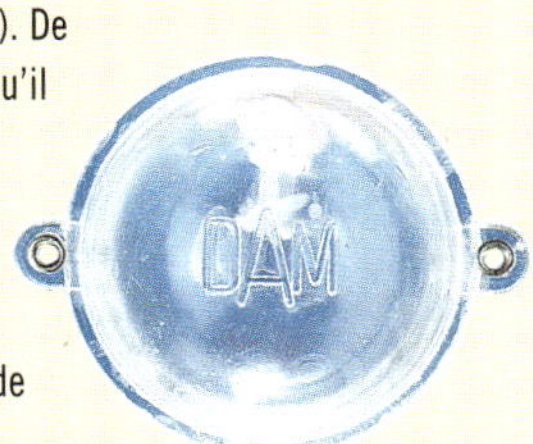

La pêche à la surprise

Une pêche rustique certes, l'une des plus anciennes mises en œuvre pour traquer truites, chevesnes et blancs d'eau vive. Pourtant l'été, elle peut réserver de fort belles surprises !

L'équipement de base

Les pêches à rôder ne demandent pas un matériel très encombrant et imposant.

Il faut prévoir au moins deux cannes. Une canne au coup télescopique, à scion flexible jusqu'à 6 m, est parfaite, à la fois légère et pratique. L'autre canne est un modèle à anneaux de 3,50 à 5 m, télescopique, téléréglable ou à emmanchements. Elle est équipée d'un moulinet classique à tambour fixe ou tournant.

Pêche à la surprise en ruisseau boisé. L'insecte dérive juste sous les voûtes de feuillage.

À la basse sur les hauts plateaux... une véritable pêche à la surprise, rustique, certes, mais redoutable d'efficacité.

La barre est généralement une canne télescopique à coup, longue de 6,50 à 9 m.

Il est bon de prévoir quelques bobines de nylon de diamètres différents allant du 10/100 au 18/100. Ces bobines seront conservées dans une boîte protectrice à l'abri de la lumière.
Outre le nylon, il faut se munir de quelques flotteurs ou bouchons et d'une boîte distributrice de plombs de différents calibres.
Au chapitre des petits accessoires, une pince multifonction, un bon couteau, une paire de ciseaux et un dégorgeoir sont toujours utiles.
Les pêcheurs précautionneux montent également quelques bas de ligne de rechange par avance. Ils sont stockés dans des portefeuilles ou des pochettes à bas de lignes.
Tout le petit matériel nécessaire est placé dans une musette légère et fonctionnelle munie de sangles solides.
La tenue vestimentaire a aussi son importance : les tenues trop lourdes et pesantes sont à éviter. De même, il faut s'en tenir à la sobriété car les vêtements de couleur vive sont trop facilement repérables par les poissons.
Les pêches à rôder sont par définition des techniques en mouvement, où le pêcheur marche pendant de longues heures. Il ne faut donc pas hésiter à faire l'achat d'une excellente paire de bottes ou de cuissardes, en sachant que le néoprène est une matière idéale, même si l'investissement est plus coûteux.

Les boîtes à esches

Pour le transport des appâts, il est bon de prévoir quelques petites boîtes en plastique rondes percées de trous. On en trouve facilement pour quelques francs chez tous les détaillants.
Lorsque l'utilisation d'une grande quantité d'esches vivantes est nécessaire, un petit sac en toile muni d'une sangle est très utile.

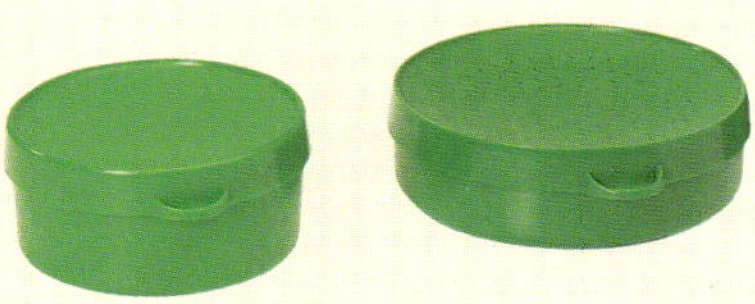

La truite au toc

La pêche à la truite au toc est une technique passionnante qui se pratique toute l'année dans les ruisseaux et les rivières. Son principe est simple : faire évoluer un appât naturellement pour le présenter au poisson.

• Le matériel

L'instrument de base est une canne à anneaux de 3,50 à 4,50 m, voire 5 m. La matière idéale est le carbone, qui assure une très grande légèreté. Pour faire glisser le nylon et éviter qu'il ne colle à la canne, le nombre d'anneaux doit être suffisant sur chaque brin. Les modèles télescopiques et à emmanchements sont les plus employés. Le modèle téléréglable permet de moduler la distance de pêche à volonté. Enfin, la canne à fil intérieur est sans doute ce qui se fait de mieux puisqu'elle permet d'aborder la « traque » de la truite sans avoir à se soucier de la végétation environnante. La canne peut être dotée d'un moulinet à tambour fixe

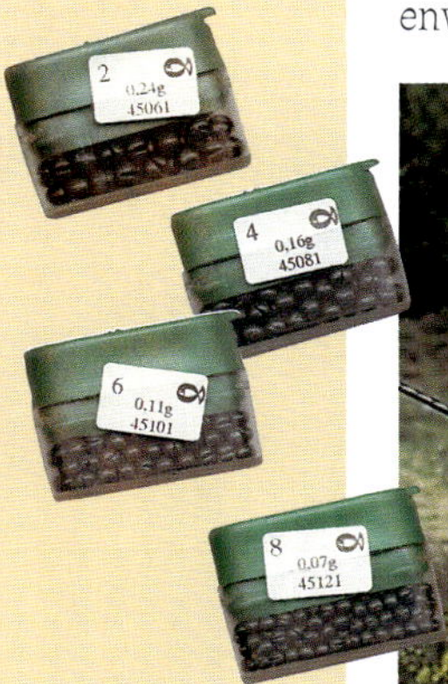

Les plombs mous anglais permettent de modifier aisément la plombée quand on pêche au toc, sans détériorer le nylon.

Belle truite du plateau de Millevaches prise sous un petit pont de pierre traditionnel.

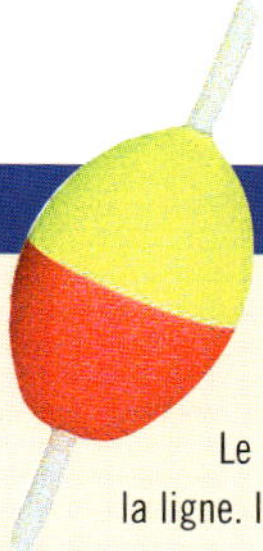

Le rigoletto

Ce petit accessoire est composé d'une bille en polystyrène de couleur vive traversée par un petit morceau de plastique. Le rigoletto se fixe sur le nylon pour permettre de suivre la dérive de la ligne. Il est très utile pour pêcher la truite au toc, faisant office de flotteur.

classique, mais un modèle manuel et tournant fera tout aussi bien l'affaire, car il sert uniquement de réserve de nylon.
Celui-ci, compris entre le 14/100 et le 20/100, sera fluorescent, ce qui est très efficace pour suivre le parcours de la ligne. Les hameçons sont choisis suivant la grosseur de l'esche, entre le n° 2 et le n° 16, et sont montés directement sur le nylon en provenance du moulinet.
Les montages sont simples : quelques plombs espacés à quelques centimètres de l'hameçon constituent le montage le plus employé. La grosseur des plombs est choisie selon la profondeur et l'intensité du courant. Dans tous les cas, il faut éviter une ligne trop lourde. Mieux vaut également mettre plusieurs petits plombs sur le nylon qu'un ou deux de grosse taille.

La pince à plombs créée par Pierre Sempé permet d'ôter ou de modifier la plombée en un clin d'œil.

• Les esches

L'appât numéro un pour la pêche au toc est le ver de terre, encore appelé lombric. De petite taille, il sera enfilé sur un hameçon n° 2 à n° 5.
Le ver de terreau est également efficace sur hameçons n° 6 à n° 10. Hormis les vers, il est bon de prévoir un assortiment de larves, très efficaces par eaux claires. La teigne, disponible chez tous les détaillants, est un appât meurtrier pour la truite. Elle se fixe sur un hameçon n° 12 à n° 16.
Le ver de farine est également prisé par la truite sur hameçon n° 12 à n° 14, de même que le porte-bois qui se fixe par la queue sur un hameçon n° 10 à n° 16.

La teigne est un bon appât à truite, quasi universel.

La conservation des vers

Pour avoir des vers fermes et frétillants, il suffit de les mettre quelques jours avant la pêche dans une boîte avec de la mousse légèrement humide. L'adjonction de terre n'est pas nécessaire. Les vers vont maigrir un peu et devenir élastiques comme du caoutchouc et très vivaces.

Premières armes au toc, sur les conseils avisés de papa.

Un excellent nylon fluorescent, permettant de bien visualiser les touches, créé par Pierre Sempé.

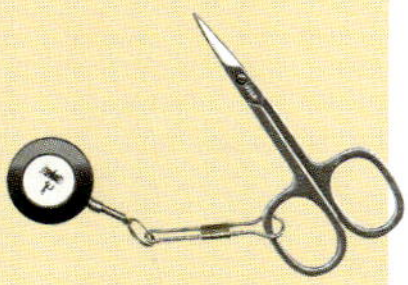

Le ciseau sert surtout à couper le nylon, ou à ébarber les hackles des mouches. Notez le petit accessoire astucieux permettant de le fixer au gilet de pêche.

• L'action de pêche

L'action de pêche consiste à faire dériver l'appât naturellement à la même vitesse que le courant. La ligne prospecte ainsi chaque poste où peut se cacher la truite. Les endroits encombrés, les chutes d'eau, l'aval d'une fosse bouillonnante, l'abord de grosses pierres immergées, les cavernes creusées sous les berges sont autant de postes où la ligne doit passer. Son contrôle se fait en tenant le fil de la main restée libre. Lorsque la ligne s'arrête en pleine dérive, c'est que l'hameçon s'est pris dans un obstacle. Il suffit de tirer légèrement sur le nylon dans le sens opposé pour le décrocher sans dommages. Si la ligne s'arrête et qu'il se produit un ou deux petits « coups » sur le nylon retranscrits par la canne, ce sont les fameux « tocs » de Dame Fario. Il convient de tirer doucement sur le nylon pour prendre contact avec le poisson. En rendant un peu de fil, canne légèrement baissée, il faut alors ferrer et sortir le poisson d'autorité d'un geste ample.

Le chevesne

La pêche du chevesne à la surprise est simple et amusante. Il s'agit d'être autant chasseur que pêcheur pour surprendre le poisson dans son environnement. Cette technique est idéale pendant les vacances estivales.

Le matériel

Il doit être le plus léger possible car il faut se déplacer sans cesse le long des berges. Une canne télescopique de 5 à 6 m sur laquelle on fixe un nylon fluorescent allant du 16/100 au 20/100 sera largement suffisante. L'utilisation d'un flotteur n'est pas une obligation. Un petit rigoletto, qui sert uniquement de repère et de guide, peut cependant s'employer.
La ligne est terminée par un hameçon rond ou crystal très piquant. Pour arriver à faire descendre l'esche près de la surface il est bon de placer devant la palette de l'hameçon un petit plomb rond n° 8 à n° 10.

Les esches

À la surprise, la palette des esches à employer est très large. Si les appâts classiques peuvent s'utiliser (asticot, ver de terre, teigne, ver de farine...), le mieux est encore de faire « son marché » sur place car le chevesne raffole de tous les insectes qui peuvent tomber à la surface de l'eau. Un grillon ou une sauterelle verte est une friandise pour ce grand « goulu ». Cet appât est accroché sur un hameçon n° 10 à n° 14 juste au-dessous de la tête, en faisant ressortir la pointe au niveau de l'abdomen. Les grosses mouches bleues, les doryphores, les chenilles, le papillon de peuplier ou la mouche de pierre (encore appelée barbolle) sont des appâts de premier ordre. L'eschage des mouches se fait à l'aide d'un hameçon n° 14 à n° 16, de sorte que la pointe traverse la tête pour ressortir au-dessus du dos.
Le chevesne est aussi attiré par les baies et les fruits que l'on peut cueillir à la fin de l'été et à l'automne. Les mûres, les baies de sureau, le

La victime désignée du pêcheur estival à la surprise, qui peut employer sauterelle, grillon, mouche de maison ou fourmi volante : le chevesne.

Les calmes ruisseaux de bocage sont souvent colonisés par le chevesne.

Un « cul de grève » en Loire, l'endroit idéal pour capturer des chevesnes.

raisin, les prunelles, les groseilles, de petits cubes de poire sont notamment très appréciés.

• L'action de pêche

La pêche du chevesne à la surprise demande beaucoup de discrétion et de ruse : il faut repérer le banc de poissons et l'approcher sans bruit, ce qui n'est pas toujours évident, surtout si l'on pratique parmi des abords encombrés.

C'est d'ailleurs sous ce type de rives que les chevesnes se tiennent toujours en perpétuelle quête de nourriture, rôdant à fleur d'eau selon un ordre bien établi. Les petits sujets sont en surface et les plus gros un peu au-dessous.

Il faut tout d'abord s'approcher doucement en remontant le cours d'eau puis passer la canne entre les branches et la végétation. Le petit plomb disposé sur le nylon aide à descendre la ligne vers la surface de l'eau.

Pour une provision de sauterelles

Le meilleur moment pour attraper des sauterelles est le petit matin, au moment de la rosée. Un petit truc consiste à étendre une vieille couverture de laine ou un morceau de plaid usagé sur l'herbe. Lorsque les sauterelles sautent sur la couverture, elles sont retenues par les crochets de leurs pattes qui s'accrochent à la laine. Il ne reste plus qu'à les ramasser.

L'appât est posé dans l'eau un peu en arrière de la tête du poisson repéré. Il faut qu'il donne l'illusion de tomber naturellement d'un arbre ou de la berge. Le réflexe du chevesne est immédiat : il ouvre la gueule pour prendre l'appât. Il faut alors ferrer rapidement avant que le poisson ait le temps de recracher l'esche…

L'ablette

Poisson de surface par excellence, l'ablette s'adapte bien à la pêche à la surprise qui est une bonne technique pour faire de belles fritures de ce poisson vif-argent.

Les ablettes, qui vivent en bancs parfois très denses, nous offrent souvent l'opportunité de réaliser de superbes bourriches !

L'ABLETTE *(Alburnus alburnus)*

L'ablette remplit les premières bourriches du néophyte. Mais ce poisson méfiant est aussi la cible privilégiée des compétiteurs… ce qui pourrait revenir à affirmer qu'il est recherché par tous, y compris les gastronomes amateurs de friture. L'ablette doit son autre appellation de vif argenté à son écaillure rutilante, argentée à reflets nacrés, mais aussi à la fulgurance de ses touches qui occasionne bien des ratés. Un corps comprimé latéralement, dont la ligne latérale est soulignée par une bande verdâtre, une bouche orientée vers le haut indiquant que le poisson se nourrit volontiers en surface permettent également d'identifier cette espèce ne mesurant guère plus de 20 cm pour un poids de 100 g. L'ablette demeure active toute l'année y compris au cœur de l'hiver. Elle gobe les insectes à la dérive à la faveur d'une éclosion, ou se nourrit en pleine eau et au fond de divers invertébrés entraînés par le courant. L'espèce se reproduit à la fin du printemps, chaque femelle pouvant pondre jusqu'à 3 000 œufs qui incubent en trois semaines. Tout comme le goujon et le vairon, l'ablette est un poisson grégaire qui peut vivre en bancs très importants.

Le matériel

La même canne que celle employée pour le chevesne convient parfaitement. Un scion souple en carbone à pointe pleine et fine est tout indiqué pour sortir les poissons d'autorité.
Le nylon choisi pour constituer la ligne est plus fin que celui destiné au chevesne. Un diamètre de 10/100 à 12/100 convient parfaitement. Là encore, il est inutile de se servir d'un flotteur puisque la pêche se passe « à vue ».
Un petit plomb peut également être placé sur le nylon, uniquement comme lest pour pouvoir faire descendre la ligne au bon endroit.
L'hameçon est fixé directement sur le nylon, ce qui augmente encore la souplesse de la ligne. La taille de l'hameçon varie suivant l'esche employée, mais un hameçon fin en fer crystal est en général le plus utilisé.

Les esches

Tous les insectes conviennent pour séduire ce joli cyprin. Les petites sauterelles vertes sont bien acceptées. L'autre appât couramment employé est la mouche, dont toutes les espèces rencontrées au bord de l'eau sont conseillées. La mouche de maison est efficace pourvu qu'on la choisisse de petite taille, en rapport avec la bouche de l'ablette.

Eschage de deux mouches de maison, tête-bêche.

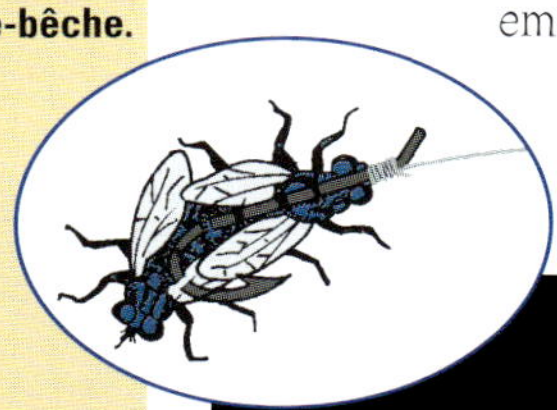

Tous les diptères de petite taille peuvent intéresser l'ablette.

L'action de pêche

Calme et discrétion sont de rigueur car l'approche est toujours aussi délicate pour ne pas effrayer les poissons. Mais il faut tout d'abord dénicher un banc d'ablettes important ! Pour faciliter ce travail de prospection, il est bon d'employer des lunettes polarisantes.
Une fois les ablettes repérées, l'appât est descendu à la surface de l'eau en faisant attention à l'ombre de la canne, qui gêne et effraie les ablettes les jours de grand soleil. Le gobage de l'ablette est discret et il faut ferrer sans retard afin de ne pas effrayer le banc de poissons. Après la prise de plusieurs ablettes, il est parfois nécessaire de changer de poste et de renouveler l'opération.

La fourmi ailée

Cette fourmi se récolte de la mi-juillet à la mi-septembre. On la trouve en grand nombre les jours d'orage, lorsque la chaleur est lourde et suffocante. Elle se récolte dans les chemins creux, les haies et les buissons.

Pour l'accrocher, il est bon de prévoir des hameçons fins en fer (n° 16 à n° 22) en passant la pointe de l'hameçon au travers du thorax.

Les éclosions de fourmis ailées rendent les ablettes folles de gourmandise.

La pêche à la plombée

Les nouveaux montages anglais dits à la plombée ont tout d'abord été conçus pour pêcher la carpe. Mais les possibilités en la matière ne manquent pas, et les fameux montages fins anglais conviennent aussi à la pêche des carnassiers ou des salmonidés.

L'équipement de base

L'équipement pour la pêche à la plombée est d'abord constitué de plusieurs types de cannes selon la pêche pratiquée. L'ensemble de ce matériel peut être onéreux, notamment en ce qui concerne les batteries de cannes destinées à la pêche de la carpe. Le novice a tout intérêt à s'orien-

Carpiste disposant sa batterie de cannes anglaises.

La pêche à la plombée se montre efficace pour capturer tous les blancs de fond tels que carpes ou tanches.

ter vers des ensembles cannes-moulinets bon marché afin de s'aguerrir à la technique choisie.

Pour la carpe, les cannes sont en deux brins fabriqués en carbone et d'une puissance suffisante pour pouvoir lancer des plombs lourds à très longue distance. Elles sont évaluées en livres anglaises (Lbs). Le modèle de base et le plus polyvalent est compris entre 3,60 et 3,90 m et pèse de 23/4 à 3 Lbs. Le moulinet doit être à grande contenance pour recevoir de 250 à 300 m de nylon. Celui-ci est généralement en 30/100 ou 35/100, mais peut également être remplacé par de la tresse.

Au nylon il faut ajouter de nombreux accessoires. La plombée est constituée de plombs de différentes formes et divers poids allant de 10 à 150 g. Les hameçons sont piquants et leur forme varie suivant la tige (droite, cintrée ou coudée). Leur taille est adaptée aux esches employées.

Emérillons, antiemmêleurs, fils solubles, perles, aiguilles à appâts et stop-appâts sont également indispensables au pêcheur de carpe.

Pour la pêche à la plombée des autres poissons blancs, il faut

Un moulinet à carpe doit être très robuste, doté d'un frein fiable pour contrer les ruades fantastiques de l'adversaire.

Le confort du pêcheur

Les pêcheurs carpistes s'installent sur un poste pour de longues heures. Parfois, ils pêchent même la nuit lorsque la législation l'autorise. Deux accessoires sont alors parfaits. D'une part, le parapluie qui protège à la fois de la pluie, du vent et soleil. Un modèle d'au moins 2,50 m en toile solide est conseillé. D'autre part, le lit pliant (ou bed chair) muni d'un matelas confortable, qui permet d'attendre la touche dans les meilleures conditions.

prévoir une canne en deux ou trois brins de 2,80 à 4 m. En carbone, cette canne est dotée de différents modèles d'indicateurs de touches (quiver-tips) qui s'adaptent dans les derniers brins de canne par emmanchement. Le moulinet fixé sur la canne est rempli à ras bord de nylon de 14/100 à 20/100.

À la plombée, le pêcheur a le choix entre l'utilisation de plombs ou celle d'un amorçoir. Les plombs les plus couramment employés sont compris entre 5 et 30 g. Les amorçoirs (encore appelés feeders) sont réservés à l'utilisation soit d'esches vivantes, soit d'amorce, voire des deux mélangées. Il faut prévoir également une réserve suffisante d'hameçons de rechange. Pour cette technique, il est bon de privilégier des formes rondes ou rondes à pointe rentrante. La taille de ces hameçons est comprise entre le n° 10 et le n° 18.

La carpe

La pêche de la carpe à la plombée permet de capturer de très gros spécimens. Cette technique suscite l'intérêt des pêcheurs pour son ambiance et son éthique : le pêcheur de carpe à la plombée est avant tout un amoureux de la nature et vénère son poisson de prédilection.

• Le matériel

En matière de pêche à la plombée, le pêcheur utilise une batterie de plusieurs cannes. Cela suppose un investissement important, surtout pour le novice. Toutefois, une seule canne peut déjà faire l'affaire afin d'effectuer

Dans l'attente du départ d'une canne, signalée par le stridulement de l'indicateur sonore.

La bouillette

C'est l'appât de base du pêcheur de carpe. Il s'agit d'une bille de pâte colorée parfumée et riche en protéines. La taille des bouillettes oscille entre 16 et 24 mm. Les carpistes confectionnent eux-mêmes leurs bouillettes à l'aide d'une préparation de base appelée mix riche en protéines. Des colorants et des arômes puissants complètent cet appât. Chaque pêcheur a sa recette personnelle et laisse libre cours à son imagination. Il existe également dans le commerce des sacs de bouillettes mis au point par les meilleurs carpistes du moment.

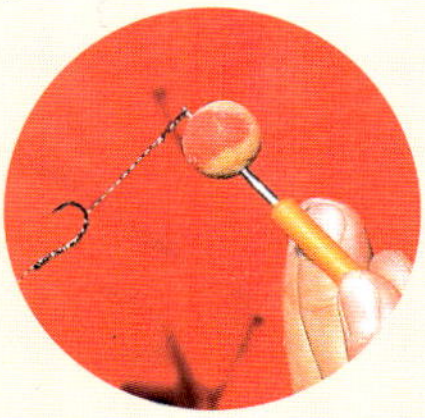

Eschage de bouillettes « au cheveu ».

ses premières armes. Elle mesurera entre 3,60 et 3,90 m en deux brins fabriqués en carbone. Suffisamment puissante pour pouvoir lancer des poids de 80 à 100 g, elle sera équipée d'un moulinet « carpe » qu'il faut choisir d'excellente qualité. Sur ce moulinet est enroulé la valeur de 250 à 300 m de nylon d'environ 35/100.

Pour constituer la plombée, le choix se porte sur différentes formes de plombs. En règle générale, mieux vaut toujours utiliser un plomb lourd pour atteindre le poste choisi sans difficulté. Les plombs les plus employés sont les plombs d'Arlesey, missile, stealth, trilobe et boulet.

Les montages sont souvent pourvus d'antiemmêleurs qui empêchent le bas de ligne de s'enrouler autour du corps de ligne, car plus la distance est importante plus le risque d'emmêlage l'est également.

L'eschage des appâts a connu une révolution sans précédent grâce au montage dit au cheveu. Le principe en est simple : il suffit de séparer l'hameçon et l'appât. Celui-ci est monté sur un court morceau de nylon, Dacron ou tresse. Ce brin comporte à sa terminaison une boucle sur laquelle on enfile l'appât. Quand la carpe aspire l'esche, l'hameçon suit celui-ci et la carpe l'avale donc sans méfiance.

La fronde (au-dessus) permet de propulser les bouillettes à grande distance. En bas, l'indicateur électronique de touches.

Les accessoires du carpiste

Outre la canne et le moulinet, la batterie du carpiste moderne est constituée d'accessoires indispensables. Le support de canne, ou rod pod, permet de surveiller toutes les cannes en même temps. L'indicateur de touches encore appelé écureuil, est indispensable pour détecter le moindre mouvement de la ligne. Enfin, le détecteur sonore est une alarme qui se déclenche lorsque la touche se produit. Cet accessoire est indispensable pour pêcher la nuit.

Maïs ou pois chiche sont d'excellentes esches à carpes, quand ces dernières dédaignent les bouillettes.

L'amorce et les esches

L'esche de base du carpiste moderne est la bouillette. Elle s'emploie à la fois pour l'eschage et l'amorçage. Comme il faut atteindre des distances importantes, l'amorçage se fait à l'aide de frondes puissantes. Le « cobra » ou tube amorceur est également très employé par les carpistes. Cet instrument permet d'amorcer à environ 100 m de la berge avec des bouillettes de 16 à 20 mm. En dehors des bouillettes, les graines sont les appâts les plus efficaces. Le maïs (maïs géant encore appelé dent de cheval), la fève, le lupin, la noix tigrée, l'arachide et parfois le chènevis sont les plus courants.

L'action de pêche

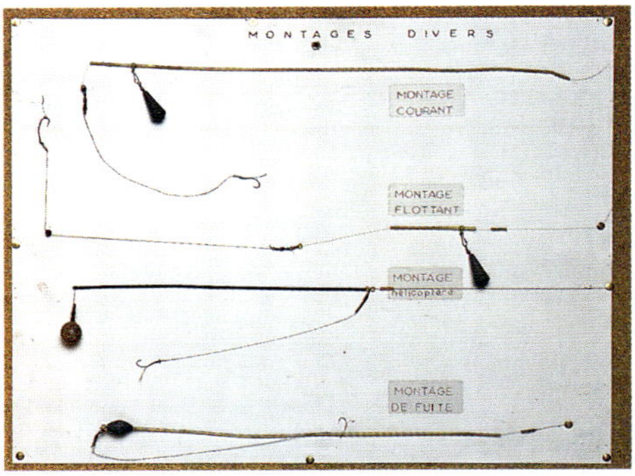

Plusieurs montages anglais destinés à la pêche de la carpe.

Le coup soigneusement préparé et amorcé, il faut lancer la ligne par-dessus la tête. Une main est posée sur le bas de la poignée, l'autre sur la poignée haute en tenant le nylon de l'index. La ligne est lancée en s'aidant de l'action de la canne. Une fois le plomb posé sur le fond, il faut tendre la ligne et poser la canne sur le support en ayant réglé le frein ni trop dur ni trop doux. Le fil est passé dans l'indicateur de touches et le détecteur sonore mis en marche. Lorsque la touche se produit, l'indicateur de touche libère le nylon et l'alarme retentit.

Le ferrage se fait d'un geste ample et sans violence. Le combat avec la carpe commence, et c'est le moment magique de cette pêche. Il faut s'aider du frein du moulinet au moyen de la main restée libre. Lorsque le poisson est fatigué, il est amené vers l'épuisette en se tenant prêt à desserrer le frein en cas de sursaut soudain. Une fois décrochée, la carpe est posée sur un matelas de réception pour être pesée, photographiée et admirée. Elle est ensuite remise délicatement dans son élément…

Les bons postes

En plan d'eau, la carpe aime les hauts-fonds éloignés. Elle ne vient près des berges que la nuit ou par luminosité très basse.

Des eaux calmes et chaudes envahies de végétation... le biotope idéal de la tanche !

La tanche

La pêche à la plombée s'adapte parfaitement à la pêche de la tanche. Poisson de fond par excellence, c'est avec cette technique qu'il est possible de capturer les plus gros spécimens.

• Le matériel

Une canne en carbone quiver ou feeder de 3 à 3,60 m convient bien. Légère et bien équilibrée, elle est dotée d'un jeu d'indicateurs de touches (quivers). Sur cette canne est fixé un moulinet choisi dans une gamme « spécial anglaise ». La caractéristique de ce genre de moulinet est une bobine adaptée pour y recevoir 150 m de nylon ainsi qu'une récupération importante au tour de manivelle.

Le quiver

Le quiver est le mot anglais qui désigne l'indicateur de touches placé sur la canne. Il se fixe par emmanchement sur le dernier brin de la canne.
Le quiver se présente sous la forme d'un miniscion souple très sensible. Les cannes quiver sont vendues généralement avec trois indicateurs de force différentes suivant le lieu prospecté et le poids employé.

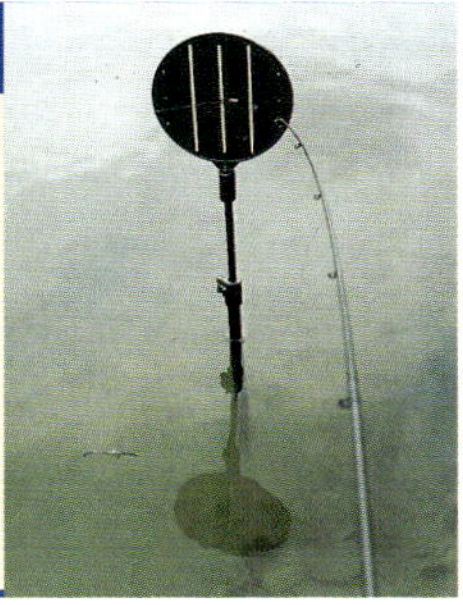

Ce montage comporte un feeder, petit récipient contenant l'amorce qui diffuse à proximité immédiate de l'esche... redoutable pour pêcher la brème ou la tanche !

Le nylon utilisé est compris entre le 12/100 et le 20/100. Le montage de la ligne est simple : le plomb utilisé est fixé sur le fil à l'aide d'un petit émerillon à agrafe, ce qui permet d'en changer en quelques secondes. Pour stopper le coulissement du plomb sur la ligne, quelques plombs sphériques suffisent. Le bas de ligne est constitué d'un nylon inférieur de un ou deux centièmes au corps de ligne. L'hameçon de forme ronde ou ronde à pointe rentrante oscille entre le n° 10 et le n° 18.

• L'amorce et les esches

Une amorce classique pour beaux poissons, de couleur sombre et enrichie de chapelure rousse et de farine de pain d'épice, convient bien pour regrouper les grosses tanches. À défaut d'une recette plus ou moins élaborée, une amorce du commerce « fond » ou « tanches » est parfaite.
Il convient d'y ajouter des esches suivant celles adoptées pour l'hameçon. Fouillis, asticots, grains de maïs, blé viennent enrichir les boules d'amorce lancées avec précision sur le coup.
Les esches les plus prisées de la tanche sont le bouquet de gros vers de vase, l'asticot, le grain de maïs doux et sucré, le blé et le ver de terreau. Il ne faut pas oublier le cube de pain d'épice ainsi que les microbouillettes aux odeurs carnées et animales. Les panachés sont aussi de rigueur, comme un grain de maïs associé par exemple à un ou deux asticots.

Il existe quantité de feeders, aux formes variées et dont la contenance est plus ou moins importante.

• L'action de pêche

Une fois le matériel parfaitement agencé au bord de l'eau, la ligne est lancée sur le poste amorcé et maintenue tendue d'un petit tour de manivelle. La canne est ensuite posée sur des supports de façon à être parallèle à la rive opposée. Le mieux est d'avoir la canne à portée de main ou reposant sur la cuisse. L'indicateur de touches est placé près de la surface de l'eau. La touche se traduit par une courbure discrète de l'indicateur. Le ferrage

Le plomb d'Arlesey

C'est le plomb le plus employé pour la pêche à la plombée des poissons blancs. Il se présente sous la forme d'une olive allongée munie d'un émerillon pour sa fixation.

se fait alors d'un geste ample, presque à l'horizontale. À la prise de contact avec le poisson, il convient de reprendre du nylon avec le moulinet. Suivant la grosseur de la prise, il suffit tout simplement de démouliner ou d'utiliser le frein pour contrarier la défense toujours lourde de la tanche. Quand la tanche est amenée en surface, il faut la faire glisser dans l'épuisette en montant la canne vers soi.

La brème

La brème est un cyprin qui adore les esches esthétiques. C'est donc un poisson tout indiqué pour pêcher à la plombée. D'ailleurs, il arrive fréquemment qu'une ligne flottante soit inefficace sur un coup alors que la plombée donne des résultats. Dans ce cas, la bourriche est toujours très lourde...

• Le matériel

Le choix de la canne se porte sur un modèle en carbone de 3,60 à 4 m pouvant supporter des poids conséquents. Cette canne est dotée de deux ou trois indicateurs qui seront choisis suivant le lieu de pêche, le plus

Les pêcheurs « à l'anglaise » réalisent des bourriches de brèmes époustouflantes !

rigide et le plus court étant réservé aux pêches dans le courant, notamment en fleuve et en rivière.

Le moulinet est garni au ras de la bobine d'un nylon de 14/100 à 18/100. Pour le montage de la ligne, l'amorçoir est plus indiqué que le plomb car les brèmes adorent l'amorce. En rivière et en fleuve, il est préférable d'employer un amorçoir plat et plombé de grande taille. Pour les lacs, les étangs et les canaux, un amorçoir-cage (feeder-cage) est plus utilisé. En rivière et en fleuve, le montage est simple puisqu'il suffit d'enfermer l'amorçoir dans une grande boucle dans laquelle il coulisse. Avant d'ajouter le bas de ligne, on peut confectionner plusieurs petites boucles successives pour rigidifier le montage.

Le bas de ligne de 40 à 60 cm est terminé par un solide hameçon rond n° 12 à n° 18.

Le remplissage du feeder à l'aide d'une amorce à base de farine.

• L'amorce et les esches

Une amorce classique à brème de couleur claire convient bien. Il existe aussi dans le commerce des amorces feeder réellement efficaces.

Quelle que soit l'amorce employée, il faut séparer celle lancée à l'eau de celle employée pour remplir l'amorçoir. Celle-ci est légèrement moins mouillée que la précédente pour pouvoir agir de suite. Il est toujours bon d'ajouter de l'amorce à des esches, notamment des asticots, des casters ou du maïs. Les esches pour l'hameçon sont classiques : asticots, casters, vers de terreau et maïs sont incontournables. Il ne faut pas hésiter à mettre de grosses bouchées à l'hameçon et à employer des panachés.

• L'action de pêche

La rivière et le fleuve sont les endroits les plus recommandés pour faire une belle bourriche de grosses brèmes à la plombée. Après avoir repéré sa coulée, il faut amorcer à l'aide de quelques boules lancées à la main ou à la fronde (suivant la distance de pêche).

Il faut ensuite commencer par l'eschage. L'hameçon est donc copieusement garni, puis on remplit l'amorçoir à l'aide d'un bouchon d'amorce mélangé à quelques esches.

En rivière, le courant influe sur le comportement de la ligne. C'est pourquoi il convient de placer la ligne à la verticale et non pas à l'horizontale parallèle à la berge.

La touche est nette. L'indicateur se plie franchement. Une fois ferrée, la brème tente de

La brème ne va pas tarder à venir à l'épuisette.

Marquer le nylon

Cette petite astuce est très utile pour lancer avec précision au même endroit. Après avoir lancé plusieurs fois à la bonne distance, il faut marquer le nylon. Ce marquage est réalisé à l'aide d'un crayon spécial vendu dans le commerce. Le marquage se fait entre la sortie du moulinet et le premier anneau de la canne.

prendre le courant. Ce n'est que lorsqu'elle arrive à plat à la surface de l'eau qu'elle est amenée doucement à l'épuisette.

Le barbeau

Poisson surpuissant, le barbeau passe la plupart de son temps à retourner les pierres en quête de nourriture. Hôte des eaux claires et vives, il est bien agréable de le prendre à la plombée.

Le matériel

Une canne de 3,60 à 4,20 m suffisamment puissante et munie de plusieurs quivers convient bien. Elle est accompagnée d'un moulinet à anse de panier ou capoté, garni d'un nylon de 14/100 à 18/100. Le barbeau est un poisson vorace mais qui se gave très facilement. Plutôt que de le tenter avec un feeder rempli d'amorce, il est préférable d'employer des

Prospection d'un courant peuplé de barbeaux à la plombée. L'esche sera immobilisée sur la tenue amorcée.

Deux beaux barbeaux capturés sur un fond de galets, dans une rivière rapide de moyenne montagne.

esches pures. Un amorçoir de forme cylindrique est alors tout indiqué. Il est fixé en dérivation par une petite potence en power-gum ou en nylon et relié à la ligne par un petit émerillon à agrafe. Dans les courants vifs et peu profonds, il est bon de bloquer le feeder à l'aide de gros plombs sphériques. Le bas de ligne, compris entre 50 cm et 1 m, est terminé par un hameçon n° 16 à n° 18.

LES PLOMBS ANGLAIS

Les plombs anglais servent le plus souvent à bloquer les flotteurs (wagglers).
Leur numérotation est particulière : AA, BB et SSG.
Le plomb BB, le plus petit, pèse environ 0,40 g. Le AA est le double du BB (soit 0,80 g). Le SSG est lui le double du AA (1,60 g).

• L'amorce et les esches

L'esche numéro un est sans conteste l'asticot, qui servira à la fois d'esche et d'amorce. Il est nécessaire de prévoir une bonne quantité d'asticots purs blancs. Pour l'eschage, il est bon de prévoir également quelques asticots rouges, jaunes et bronze. Le ver de terreau, le blé et la petite bête peuvent compléter la palette d'esches vivantes. À noter que le barbeau est également friand de fromage (gruyère en particulier) et de jambon. Ces appâts se fixent sur un petit hameçon triple n° 10 à l'aide d'une aiguille à locher.

• L'action de pêche

Une fois la ligne montée, il faut escher l'hameçon. La deuxième opération consiste à remplir l'amorçoir d'asticots. La ligne est ensuite lancée sur le

coup en souplesse. Placée sur un support vertical, elle est tendue pour éviter de plonger la bannière dans l'eau.
Lorsque le barbeau prend l'esche, l'indicateur de touches s'agite. Le ferrage se fait d'un geste ample en se servant du nerf de la canne…

Omnivore mais aussi fin gourmet, le barbeau apprécie quantité d'esches… y compris fromage ou charcuterie !

Les bons postes

Il convient de choisir une rivière rapide peu profonde à fond de galets. L'amont des rivières de seconde catégorie peuplées en goujons et en chevesnes l'est aussi en barbeaux. Il n'est pas rare de voir les poissons sous quelques centimètres d'eau retournant les pierres de leur museau puissant.

L'anguille

L'anguille est un poisson migrateur très répandu. Poisson mystérieux, elle effraie toujours un peu à cause de sa silhouette serpentiforme mais, en raison de sa chair délicate, l'anguille est tout de même un poisson dont la pêche n'est pas à dédaigner.

• Le matériel

Il faut prévoir un matériel robuste. Une canne à anneaux à emmanchements, téléréglable ou télescopique suffit amplement. Sa longueur peut varier de 3,50 à 5 m. Sur le moulinet, un nylon fluorescent de 25/100 à 30/100 fait l'affaire.

Le plomb est immergé à l'endroit exact du coup amorcé.

L'ANGUILLE *(Anguilla anguilla)*

Que de mystères encore nous dissimule l'anguille, cette migratrice catadrome qui, contrairement au saumon, vit sa période de croissance en eau douce mais se reproduit en mer, plus exactement dans la mer des Sargasses, à des profondeurs que l'on sait depuis peu abyssales. Puis c'est le « retour au pays », sous la forme d'une larve portée par les courants marins – le leptocéphale –, qui se transformera lui-même en civelle près des estuaires avant d'acquérir sa forme adulte définitive.

L'anguille ressemble à un serpent avec son corps allongé, dépourvu d'écailles mais recouvert d'un abondant mucus protecteur. Un serpent doté d'une bouche petite, certes, mais dont les mâchoires peuvent exercer des pressions extraordinaires ! Ce curieux poisson est un prédateur redoutable, se nourrissant aussi bien d'autres poissons (y compris de truites !) que de vers, limaces et autres proies... L'anguille adopte plutôt des mœurs nocturnes, ne chassant la journée qu'à la faveur d'une crue ou par temps très couvert. On pense qu'elle pourrait pondre environ 1 million d'œufs, après son voyage de 8 000 km à travers l'océan Atlantique, jusqu'à la mer des Sargasses. Sitôt la reproduction accomplie, l'anguille meurt.

Le montage de la ligne est fort simple. Un plomb de 5 à 20 g de forme olive ou plat vient buter contre un petit émerillon à agrafe. Il est bon de le protéger à l'aide d'un morceau de gaine silicone ou plastique.
Le bas de ligne est terminé par un hameçon simple n° 4 à n° 7, solide et piquant.

L'anguille demeure active l'hiver, où elle peut être pêchée à la plombée, avec en guise d'esche un bouquet de lombrics.

L'anguille se rend, après avoir livré un dur combat parmi les branchages immergés.

Un flotteur n'est pas une obligation. Cependant, il permet de bien visualiser la touche et procure d'agréables sensations.

• L'amorce et les esches

L'anguille a des goûts très éclectiques. Son menu est donc très varié suivant son humeur. Les lombrics fermes et vivaces, les vers de terreau sont des appâts de base.
L'anguille a également un penchant pour les poissonnets morts ou vivants. Un goujon ou un simple morceau d'ablette est une proie alléchante.
Ce genre d'appât s'utilise en passant l'hameçon par la bouche pour le faire ressortir par une ouïe et le fixer légèrement en arrière de l'anus.
L'anguille aime aussi les esches carnées : tripes, viande et certains coquillages, notamment la moule cuite.

• L'action de pêche

L'anguille est un poisson très actif, perpétuellement à la recherche de nourriture. Les fonds légèrement vaseux et caillouteux sont ses lieux de prédilection. Un temps lourd et orageux suivi d'une pluie qui teinte l'eau en jaune ou en rouge est une bénédiction pour le pêcheur d'anguilles.
La touche de l'anguille est reconnaissable : les petits sujets attaquent franchement et, a contrario, les grosses anguilles font juste frémir le flotteur. Les frémissements s'accentuent jusqu'à une puissante tirée qui peut parfois entraîner la canne si elle n'est pas bien bloquée.
Il faut ferrer sans retard. Dans le cas contraire, l'anguille a tôt fait de regagner son refuge où il est souvent impossible de l'en sortir.

Montage de base pour pêcher l'anguille à la plombée

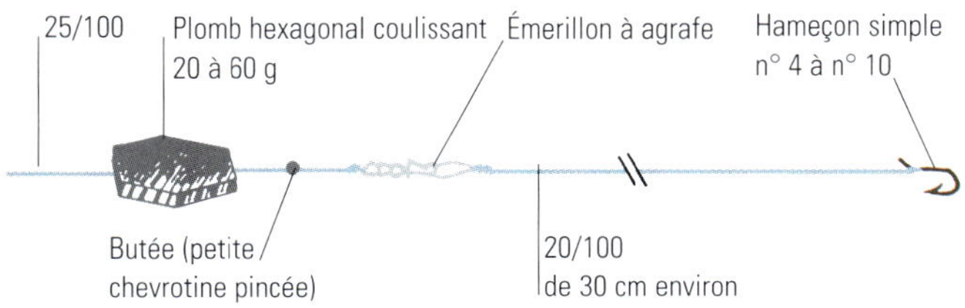

L'ANGUILLE AIME L'ASTICOT

L'anguille est un poisson qui adore l'asticot. Il n'est pas rare qu'elle s'installe sur les coups amorcés pour les autres poissons blancs. Elle traduit alors sa présence par des chapelets de bulles semblables à celles des brèmes.

La pêche au lancer

Facile à mettre en œuvre et efficace sur tous les carnassiers, la pêche au lancer est sans conteste une des pêches préférées des jeunes pêcheurs. Son côté ludique et l'extrême légèreté du matériel qu'elle nécessite séduisent aussi bien les traqueurs de truites que les amateurs de carnassiers.

L'équipement de base

La pêche au lancer nécessite un matériel simple mais bien adapté à la technique utilisée et au poisson recherché.

• Une importante variété de cannes et de moulinets

Les cannes à lancer modernes sont aujourd'hui en fibre de carbone et restent généralement d'un prix accessible. Leur puissance dépend du poids du leurre ou de la monture qui sera utilisée, mais également du poisson

Prospection d'un secteur envahi d'herbiers, au lancer, à l'aide de poissons-nageurs flottants.

Beau brochet pris à l'ondulante, un leurre souvent délaissé et pourtant très prenant, car imitant à merveille la nage maladroite d'un poissonnet malade.

pêché. Quant à la longueur de la canne, elle est plutôt fonction de la technique de pêche.

Le pêcheur débutant ou qui s'initie à une nouvelle technique n'a pas besoin d'investir une somme démesurée pour l'achat d'un bon moulinet. Avant de réaliser tout achat, il convient tout de même de s'assurer :

- du bon fonctionnement de l'anse de panier, qui ne doit pas faire l'objet d'un retour trop brutal et, d'une manière générale, de la bonne douceur de fonctionnement de l'ensemble. À ce niveau, le nombre de roulements à billes et la qualité des pignons sont bien souvent décisifs ;
- de la qualité du frein, essentielle pour toutes les pêches au lancer ou au poisson mort. Il faut impérativement vérifier sa régularité lorsqu'il est réglé très dur, ce qui, en action de pêche, correspond au moment final du combat avec un poisson ;
- la présence de bobines supplémentaires est également un plus appréciable. Cela étant, une ou deux bobines supplémentaires sont largement suffisantes ;

• Des leurres très variés

Dans ce domaine, chaque année apporte son lot de nouveautés ou de produits nouvellement importés de l'étranger. En fait, il faut savoir que la boîte à leurres exhaustive n'existe pas et qu'il est préférable de s'en remettre à une petite sélection que l'on maîtrise parfaitement. Pour cela, il faut connaître les principales familles de leurres :

Des petits accessoires très utiles

Le pêcheur au lancer ne saurait se passer de quelques petits accessoires qui lui simplifient considérablement la vie :

- les agrafes permettent de connecter rapidement un leurre et les émerillons évitent le vrillage du vif lorsqu'on utilise des leurres tournants (cuillers en premier lieu) ;
- les petits anneaux brisés permettent de changer rapidement un hameçon triple dont une branche est détériorée ;
- une petite lime permet d'affûter les pointes d'hameçons émoussées.

Canne à brochet télescopique.

Le nylon fluo permet de mieux visualiser des touches parfois très discrètes.

• la cuiller tournante est attrayante en raison de sa large et fine palette métallique de forme plutôt ovale qui tourne autour d'un axe métallique. C'est le leurre de base du pêcheur au lancer ;
• la cuiller ondulante est une palette métallique de forme effilée et galbée qui s'oppose au courant en dodelinant de droite et de gauche. C'est un leurre assez technique qui demande une certaine expérience pour être correctement manié ;
• le poisson-nageur est une imitation en bois (souvent du balsa) ou en matière plastique d'un petit poisson. La qualité de nage est généralement obtenue grâce à une bavette plastique ou métallique qui s'oppose à l'eau lors de la récupération ;
• le leurre souple est fabriqué dans une matière plastique très mobile. Certains leurres font alors preuve d'un incroyable réalisme, comme les lézards ou les écrevisses ;
• les leurres spéciaux regroupent un certain nombre de leurres de surface (stick-bait, popper et poissons à hélices) ainsi que les leurres multi-signaux comme les spinnerbaits ou les buzzbaits.

La truite

Lors de l'avènement de la pêche au lancer, certains spécialistes de la pêche aux appâts naturels pensaient que la « ferraille » (les petites cuillers tournantes) viendrait à bout des populations de truites. Quelques décennies plus tard, les rivières de première catégorie sont toujours riches en truites et la pêche au lancer est toujours aussi efficace.

• Le matériel

Une canne d'environ 2 m pouvant expédier des leurres allant de 3 à 8 g vous permettra de pratiquer tant en petite qu'en grande rivière. Plus courte, la canne ne permet pas un bon contrôle des dérives lors de la récupération du leurre. Plus longue, elle deviendra difficile à manier le long des berges et ne permettra pas des lancers précis. Le moulinet, assez léger (environ 250 g), sera garni de nylon fluorescent de 16/100 ou

Selon le milieu occupé, la truite fario peut revêtir des robes aux coloris très différents.

Les bons postes

Lorsque l'on arrive sur un poste, il faut repérer la cache probable du carnassier : le long des roseaux ou des joncs, derrière le massif de nénuphars, derrière le bloc pierreux qui crée un remous ?

18/100. En ce qui concerne les leurres, ils devront être soigneusement rangés dans une boîte à casiers individuels ou à fond de mousse afin d'éviter que les hameçons triples ne se mélangent entre eux. Pour les relier directement à la ligne, rien ne vaut une petite agrafe très légère.

La cuiller tournante, un leurre universel pour pêcher la truite au lancer.

• Les leurres

Il n'est pas utile d'emporter avec soi toute sa collection. Une petite sélection, qui a largement fait ses preuves, se révèle suffisante pour débusquer les fario et les arc-en-ciel à l'affût des proies dans les courants :

- quelques cuillers tournantes à palette large et courte dans les n° 1 et n° 2, plus une ou deux n° 3 pour les fortes veines d'eau. Elles peuvent être utilisées lentement dans les eaux calmes ou dans les remous qui jouxtent un courant ;
- quelques cuillers tournantes à palette étroite et longue qui, elles, pêchent creux et sont très à l'aise dans les courants. Les n° 1 et n°2 sont suffisants ;
- quelques poissons nageurs flottants peu plongeurs de 3 à 7 cm. Ils sont parfaits pour aller chercher les truites sous les bosquets ;
- quelques poissons nageurs coulants pour prospecter les amortis profonds ou les veines puissantes.

Pêche de la truite au lancer en lac de montagne.

Nage d'une cuiller tournante

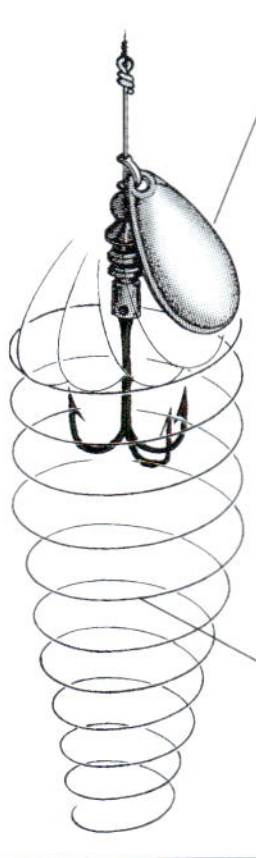

Attaque éclair, à laquelle le pêcheur répond par un ferrage appuyé.

L'action de pêche

La truite est un poisson très méfiant. Même si le lancer permet de surprendre la truite de fort loin, la moindre erreur d'approche est inévitablement sanctionnée par sa fuite effrénée. Sauf en ruisseau très encombré, il est toujours préférable de pêcher en détachant sa silhouette de la rive.

Le lancer s'effectue avec la technique du balancé sous la main qui est un gage de discrétion et de précision. Après avoir lancé son leurre vers l'amont ou 3/4 amont, le pêcheur va le récupérer en le faisant passer au plus près des postes favorables à la tenue d'une belle truite.

Une des grandes difficultés de cette technique consiste à repérer le moment où la truite a intercepté le leurre. La ligne descendant le courant, elle n'est pas toujours tendue à la perfection. Il faut donc constamment guetter la progression de la ligne et ferrer en relevant énergiquement la canne dès que l'on ressent quelque chose d'anormal. Le poisson piqué va défendre chèrement sa peau.

Pour les gros poissons, une épuisette de type raquette sera bien pratique pour abréger le combat. Le poisson bien emmailloté dans le filet, il sera facile de le ramener jusqu'à la berge puis de le décrocher tranquillement et de le glisser dans le panier de pêche.

Nœud d'attache d'un leurre métallique

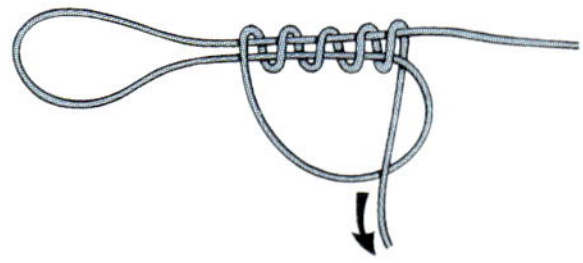

Nœud du pendu, utile pour attacher les leurres à la bannière de nylon

L'été, les truites se tiennent plutôt à l'ombre des frondaisons de bordure.

Le brochet

Quand le brochet se tient calé en profondeur, la prospection doit être lente et méthodique.

Tout le monde sait ou presque que Maître Esox, c'est ainsi que l'on surnomme le brochet, adore la chair fraîche. Un poisson mort bien manié n'a donc pas son pareil pour le tromper. Le caractère belliqueux du brochet le rend cependant très vulnérable aux leurres, même pour les beaux spécimens qui, chaque année, leur paient un lourd tribut.

• Le matériel de base

Il faut obligatoirement une canne capable de lancer des poids de 20 à 80 g. La gamme des cannes à poisson mort manié est aujourd'hui suffisamment vaste pour que vous trouviez celle qui sera à votre goût et dans vos prix. Ces cannes mesurant environ 3 m se caractérisent par leur grande rigidité, indispensable pour pouvoir suivre les évolutions d'un poisson mort que l'on manie sous plusieurs mètres d'eau. Un moulinet léger, d'un poids proche de 300 g, sera parfait pour équilibrer convenablement la canne. Bien entendu, le dispositif de frein devra être à la hauteur car un gros brochet qui démarre ne pardonne aucun blocage dans la libération du fil. Un nylon fluorescent de 30/100 ou une tresse de 20/100 sont largement suffisants pour rechercher les brochets.

Parfois, quand le brochet ne concentre sa prédation que sur des alevins, seules de minuscules ondulantes peuvent faire la différence.

• Les leurres

• Quelques cuillers tournantes plombées en tête, choisies parmi les modèles classiques et réputés comme

Sans doute un premier brochet... et ce jeune pêcheur semble lui-même surpris de sa chance !

Un superbe poste à brochet, situé près d'un arbre immergé sous lequel aiment se dissimuler les prédateurs.

la célèbre Suissex ou encore la Lusox de chez Mepps. La plombée en tête permet une bonne vitesse de plongée de la cuiller si l'on arrête la récupération, ce qui est très important pour flirter avec les obstacles ;

• quelques ondulantes à la palette assez large. Ramenées lentement, leur dandinement lors des pauses dans la récupération imite parfaitement la nage d'un petit poisson blessé ;

• les poissons nageurs sont des leurres à brochets de premier plan. Les modèles inférieurs à 11 cm sont à proscrire car ils sont littéralement engloutis lors d'une attaque par les brochetons. Les modèles articulés émettent des vibrations bien caractéristiques qui sont parfaites pour le brochet. Les modèles flottants ou à densité neutre (vendus sous le nom de suspender) permettent de prospecter les couches d'eau superficielles où les brochets sont souvent mordeurs ;

• quelques gros leurres souples de type virgules ou imitations de poissonnets sont également indispensables. Tous ces leurres devront impérativement être précédés d'un bas de ligne acier pour résister aux dents coupantes du brochet.

Jeu de poissons-nageurs Rapala.

L'action de pêche

Il convient de choisir son leurre ou un poisson mort et de le faire évoluer assez lentement dans la zone propice. Si l'on sent que le leurre n'exploite pas correctement le poste, il faut en changer sans attendre.

Les coloris perche

L'examen des contenus stomacaux de nombreux brochets montre que les perches paient un lourd tribut à leur alimentation. Parmi tous les coloris de leurre proposés, le coloris perche est sans aucun doute l'un des meilleurs et des plus universels. Pour les poissons nageurs, cette robe se trouve facilement. En ce qui concerne les autres leurres, des rayures verticales bien visibles suffisent à créer l'illusion.

Une excellente décoration aux coloris perche.

Le manège du leurre attire vite l'attention du prédateur. Si la proie lui semble crédible, il va rapidement fondre dessus. Le choc est alors brutal. Il arrive également que le brochet se saisisse du leurre dans sa gueule et se dirige dans la direction du pêcheur, ce qui va immédiatement provoquer un mou dans la partie non immergée de la ligne (bannière). Enfin, ne soyez pas déçu si vous avez vu un brochet bouger derrière votre leurre sans qu'il le capte. Il a, dans ce cas, certainement raté son attaque et sera vraisemblablement toujours dans de bonnes dispositions lors du prochain passage de votre leurre. À la touche, il faut ferrer assez vigoureusement pour que les pointes des hameçons se piquent bien dans la gueule du brochet. Le frein du moulinet doit donc être parfaitement réglé, sinon gare aux casses de la ligne. Un brochet réagit de multiples façons lorsqu'il est piqué : il peut ne pas broncher et donner l'impression que l'on a accroché une souche ou bien, au contraire, démarrer violemment et vous gratifier d'une chandelle hors de l'eau à plus de 1 m de hauteur. Il faut donc rester en permanence vigilant lors du combat. Lorsque, apparemment bien fatigué, il se laissera glisser dans l'épuisette, il faudra toujours se méfier d'un démarrage désespéré.

Le sandre

On dit du sandre qu'il est lunatique et versatile et qu'il est toujours là où on ne l'attend pas. La pêche au lancer, tout comme la pêche au mort manié, permet justement de le rechercher sur tous les terrains où il pourrait être tenté de se cacher. Cette traque est si plaisante et si captivante que de nombreux pêcheurs en ont fait leur unique spécialité. Ils sont véritablement devenus des « accros » de la pêche au mort manié ou au leurre souple.

• Le matériel

Le sandre est un poisson qui est souvent très discret dans ses attaques. Cela signifie qu'il faut le rechercher avec un matériel bien adapté. Il faut investir dans une

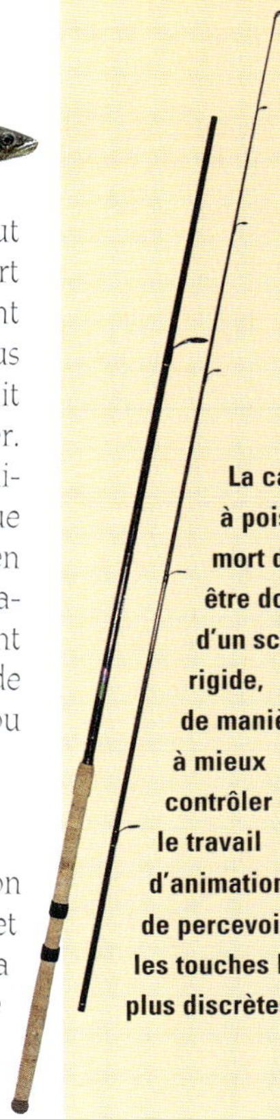

La canne à poisson mort doit être dotée d'un scion rigide, de manière à mieux contrôler le travail d'animation et de percevoir les touches les plus discrètes.

Bois morts et herbiers : le royaume des carnassiers !

canne à manier de bonne qualité, qui transmet à la perfection toutes les indications que nous donne la monture à poisson mort ou le leurre souple. En règle générale, la canne mesure 2,80 m mais, si vous êtes petit et si vous pêchez en barque ou dans des petites rivières, un modèle plus court sera parfait. À l'inverse, pour pêcher du bord et à grande distance, une canne un peu plus longue sera préférable. Pour le moulinet, il faut principalement veiller à la douceur et à l'absence de vibrations parasites lors de la récupération. Bien entendu, le frein régulier reste important car un gros sandre n'est pas forcément une prise facile à maîtriser. On garnira ce moulinet d'un nylon fluorescent de 25/100 à 28/100, raide et peu élastique car il est plus « communicant ». Autre possibilité, la tresse, qui est aujourd'hui de plus en plus utilisée car elle transmet sans perte les informations que donne la monture en butant sur le fond, les obstacles ou lors d'une attaque. Pour les montures à poisson mort, la célèbre Drachkovitch est incontournable. Disponible montée à l'unité ou à fabriquer en grosse série, elle se montre parfaite pour pêcher le sandre. La taille n° 1 convient parfaitement pour armer un goujon, un gardonneau, une ablette ou un petit rotengle. Cette monture Drachkovitch sera d'ailleurs également fort efficace, moyennant quelques petites adaptations, pour utiliser les leurres souples. On pourra cependant lui préférer les têtes plombées de 6 à 12 g qui sont d'une facilité d'utilisation et d'une efficacité surprenantes.

• Les leurres

- Les virgules de 7 à 12 cm dans les coloris blanc, jaune et rouge ;
- les vers d'une quinzaine de centimètres ;
- les imitations de poissonnets d'environ 8 cm dans les teintes naturel, blanc nacré et phospho ;
- quelques imitations d'écrevisses ou quelques double-queues pour provoquer le poisson les jours où rien ne semble fonctionner.

Une boîte à leurres bien remplie !

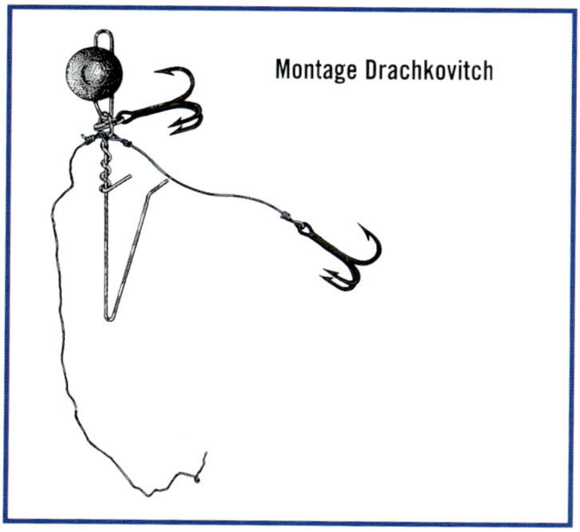

• L'action de pêche

Le pêcheur doit toujours garder le parfait contrôle de sa ligne malgré le vent, le courant ou les grandes profondeurs. Pour un tel résultat, la solution passe par une augmentation du poids de la chevrotine pincée en tête de monture ou de la tête plombée. Les réactions de la ligne

De belles montures à poisson mort

Une monture est une monture et il ne sert à rien de la sophistiquer pour le plaisir. Une petite astuce permet cependant de gagner du temps et contribue à en améliorer l'esthétisme. Certains pêcheurs garnissent en effet leur chevrotine de peinture ou de vernis à ongles, ralentissant ainsi le vieillissement du plomb. De plus, on peut attribuer un code couleur à chaque grammage (rouge pour les 8 g, argenté pour les 10 g et violet pour les 12 g), ce qui est très pratique pour s'y retrouver lorsque l'on monte à l'avance de nombreuses montures.

deviennent ensuite plus franches et les indications tactiles plus lisibles. On considère une plombée normale à 10 g et l'on peut aller jusqu'à 15, voire 18 g lorsque les conditions sont difficiles. Pour le reste, il convient de faire passer le poisson mort ou le leurre souple à proximité du fond ou, mieux, de le faire évoluer sur le fond en lui faisant effectuer des petits bonds successifs. Ces petits sauts pourront être d'intensité et de fréquence variables. Lorsque la monture regagne le fond, le contrôle devient très délicat, car c'est à ce moment que la ligne est la moins tendue. Le pêcheur doit donc récupérer son fil en même temps qu'il anime le leurre, ce qui demande un certain effort de synchronisation.

Animation d'un leurre souple

La touche du sandre revêt de nombreux aspects. Elle peut être très brutale, ce qui signifie que le sandre s'est rué avec agressivité sur la monture, mais, en règle générale, la touche est assez subtile à déceler. Il pourra s'agir d'un petit mou, d'un déplacement à peine perceptible de la bannière ou encore d'un léger gratouillis au bout de la ligne, comme si le sandre venait lécher la monture. On ne s'aperçoit de ces touches difficiles que si la ligne est parfaitement tendue et il faut alors ferrer sans attendre si vous voulez piquer le poisson. Il est donc normal, dans ces conditions, de réaliser quelques ferrages à vide.

Jolie perche prise à la cuiller en bordure de roseaux.

La perche

Grégaire et assez facile à localiser, la perche est un excellent poisson d'initiation pour apprendre la technique du lancer. Et lorsque l'on a la chance de tomber sur une grosse zébrée, cela devient vraiment intéressant tant cette dernière vendra chèrement sa peau.

Perche capturée au leurre souple fixé sur monture articulée plombée en tête. Le modèle employé est ici une écrevisse.

Le matériel

Lorsque l'on recherche systématiquement la perche, une canne de 2,10 à 2,40 m sera parfaite pour prospecter les rivières, les étangs ou les bordures de lacs de barrage où elle est généralement bien présente. Le moulinet pourra être le même que celui utilisé pour pêcher la truite, à savoir un modèle léger (250 g environ) et simple de fonctionnement. Un nylon de 18/100 fluo viendra correctement garnir la bobine.

Les leurres

Les amateurs de leurres mixtes associant par exemple palettes de cuillers tournantes et poissons-nageurs sont de plus en plus nombreux.

Les goûts éclectiques de la perche permettent de lui proposer la plupart des leurres existants sur le marché. Font toutefois partie des leurres indispensables :

- les petites cuillers n° 1 et n° 2, et tout spécialement les modèles vaironnés (qui associent une palette classique et un poissonnet en plastique ou en balsa) ;
- les petits leurres souples de type virgule, shad ou même les petits vers. Les couleurs blanc ou rouge sont généralement prenantes ;
- les petits poissons nageurs, notamment ceux dont les robes brillantes scintillent entre deux eaux.

L'action de pêche

La pêche aux leurres est particulièrement efficace à la belle saison et à l'automne. D'autre part, à l'instar des sandres avec lesquels elles cohabitent souvent, les perches fréquentent volontiers les secteurs encombrés ainsi que ceux à forte déclivité. Une fois trouvé le poste idéal, le pêcheur devra choisir le leurre qu'il va destiner aux perches. En eau peu profonde, la cuiller et le poisson-nageur seront des armes de tout premier plan. Pour les eaux plus profondes, un leurre monté sur une tête plombée de 6 à 8 g sera parfait. Les perches sont très curieuses de nature et leur grégarité les rend vulnérables. Lorsqu'on passe son leurre à proximité d'une troupe de zébrées, il n'est pas rare qu'elles se battent pour être la première à se sai-

Les bons postes

Le plus dur est de trouver un banc de poissonnets qui sera en activité et qui attirera les perches. Sur les plages en pente douce, en été, il est fréquent de voir les jeunes alevins complètement affolés. Le passage d'un oiseau, un poisson blanc plus gros ou un seul poissonnet qui fait un écart plongent le banc entier dans un état d'effervescence totale. Dans l'affolement, il y a toujours quelques alevins égarés qui vont alors faire les frais de l'appétit des perches. C'est donc en suivant tout au long de la saison ces bancs de poissonnets que les chances de capturer des perches au lancer seront les plus importantes.

Le poisson mort doit bien épouser le profil du fond

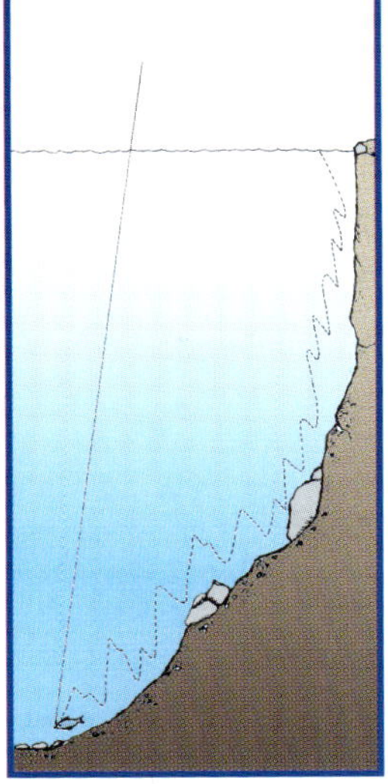

sir de l'appât. Il faut tenir compte de cette particularité pour l'animation, qui doit être faite d'une succession de tirées rapides et de phases plus calmes, mais sans jamais véritablement s'arrêter. Un leurre toujours en mouvement est souvent très meurtrier, car les perches vont sans cesse chercher à l'intercepter. La touche est alors bien marquée et se caractérise par un choc brutal sur le leurre. Elle nécessite un ferrage léger. Il faut ensuite remonter tranquillement le poisson vers la surface et l'amener prudemment jusqu'à ses pieds. Mieux vaut éviter les décrochages, surtout à proximité du banc de perches, car cela provoque inévitablement une certaine perte d'agressivité au sein du groupe.

Les amateurs de matériel « casting », comprenant des moulinets à tambour tournant sont de plus en plus nombreux.

La perche apprécie les pontons de bois sous lesquels elle se dissimule.

LE MATÉRIEL AMÉRICAIN

Les Américains, qui vouent un culte à la pêche du black-bass, utilisent un matériel totalement différent du matériel français. Les cannes très courtes disposent d'une toute petite poignée « pistolet » sur laquelle est fixé un moulinet à tambour tournant généralement garni de tresse de 16/100 ou 18/100. Ces ensembles très maniables permettent un contrôle parfait de l'animation et se révèlent fort agréables lors des combats. Ce type de matériel commence à être commercialisé en France et il pourrait être promis à un grand avenir.

Le black-bass

En Amérique du Nord, la traque des black-bass est presque devenue un sport national. Les techniques spécifiques de pêche au lancer qui y ont été développées contribuent pour une grande partie à ce formidable succès. En fait, un livre entier ne suffirait pas pour décrire tous les leurres qui ont été créés pour duper ce qu'on appelle la perche américaine.

Deux bons modèles de poissons-nageurs.

• Le matériel

Une canne en fibre de carbone plutôt courte convient parfaitement. On appréciera une canne d'environ 2,20 m capable d'expédier des leurres pouvant peser entre 5 et 20 g. Le moulinet, à tambour fixe, sera choisi pour la qualité de son frein, sa douceur de fonctionnement et son poids léger. Il sera garni de nylon monofilament de 20/100 à 24/100 ou, mieux, d'une tresse de 14/100 à 18/100 qui permet un meilleur contrôle des leurres durant l'animation.

Un balancé sous la canne effectué à l'aide d'un matériel « casting ». Ce lancer est nommé pit ching.

Superbe black qui va bientôt rejoindre son élément.

Les leurres

S'il n'est pas nécessaire de disposer de toute une collection de leurres, les quelques modèles présentés ci-dessous semblent néanmoins indispensables pour faire face aux situations les plus courantes :

- des leurres souples de différentes formes, avec notamment certains modèles très réalistes comme les imitations de grenouilles, de lézards ou de vers ;
- des poissons nageurs flottants classiques ainsi que plusieurs modèles de grands plongeurs ;
- des poissons nageurs suspending (qui restent suspendus dans l'eau) ;
- des poppers, qui sont en fait des leurres flottants dont la face biseautée fait office de bavette. Lors de chaque traction exercée par le pêcheur, le popper glisse sur la surface en faisant gicler l'eau de part et d'autre et émet un petit son caractéristique, le « pop », qui attire l'attention des black-bass ;
- des sticks-baits, poissons nageurs flottants sans bavette. Ces leurres flottants sont particulièrement faciles à lancer car ils sont équipés de billes de plomb internes qui donnent beaucoup de compacité au leurre ;
- certaines cuillers ont été spécialement étudiées pour le black-bass comme le spinnerbait et le buzzbait.

L'Arbogaster de Fred Arbogaster : un compromis entre le popper et le poisson-nageur.

Animation « en promenade du chien » dite encore « walking the dog »

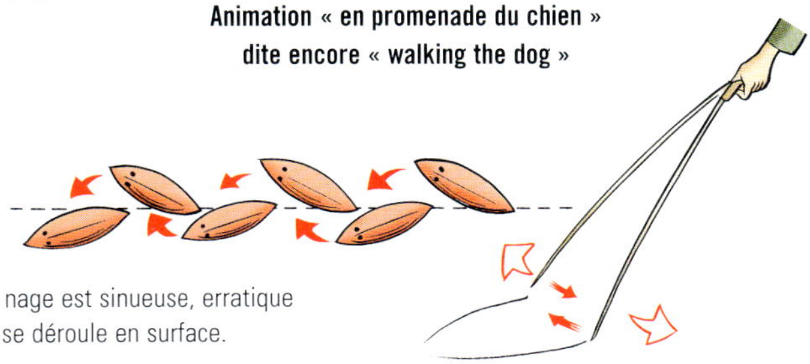

La nage est sinueuse, erratique et se déroule en surface.

L'action de pêche

Les spécialistes du black-bass ont recours à de nombreuses animations. L'animation « en promenade du chien » consiste à faire avancer le leurre en donnant de petits coups de scion alternativement à droite puis à gauche, à l'aide de l'avant-bras et du poignet.
L'animation dite stop and go signifie que lors de la récupération on alterne de petites tirées et des pauses qui peuvent parfois aller jusqu'à 30 secondes. En fait, chacun peut laisser libre court à son imagination et c'est bien cela qui est le plus amusant car le black-bass est un poisson curieux mais méfiant. Il faut donc repérer le positionnement des achigans et leur proposer le leurre qui semble le mieux adapté. Certains jours, c'est souvent le cas, le spinnerbait ramené juste en dessous de la surface sera parfait. Un peu plus tard, seul un leurre bruyant à la surface de l'eau parviendra à éveiller l'attention des prédateurs et provoquera des attaques furieuses. À l'inverse, il faudra parfois les agresser sur le fond, en faisant évoluer près d'eux avec insistance un poisson-nageur grand plongeur.

Le chevesne

Le chevesne mord bien à l'ultraléger, sur de petites cuillers fantaisie.

Même s'il s'agit d'un cyprinidé, le chevesne est un mange-tout. Et dès lors qu'il atteint ou dépasse 30 cm, il devient un prédateur redoutable et respecté des petits poissons blancs. Particulièrement abondant à l'aval des eaux de première catégorie et à l'amont des eaux de seconde, c'est un adversaire de grand sport pour celui qui veut s'initier à la technique du lancer ultraléger.

Le matériel

La canne, très légère et en fibre de carbone, devra mesurer environ 2 m et sera donnée pour lancer des microleurres de 0,5 à 3 g. Les cannes très courtes (moins de 1,70 m) sont à réserver pour la pêche en marchant dans l'eau. Pour le moulinet, un modèle classique sera préférable à un micromoulinet. Sur ce dernier, la petite bobine est une source inépuisable de grandes perruques (enchevêtrements de nylon).
La bobine sera garnie de nylon de 12/100 ou 14/100 de teinte neutre. Mieux vaut réserver les nylons plus fins aux pêcheurs très expérimentés car, à la moindre erreur de lancer, c'est la perte assurée du leurre.

Mini-cuillers et leurs toupets de hackles habillant l'hameçon, excellentes pour le chevesne.

Les leurres

Le choix concernant ce dernier se trouve assez limité puisque l'on utilise

Supeerbe chevesne pris au lancer sur le courant de l'Allier.

Moulinet dont le frein peut être contrôlé grâce à une manette située sous la poignée.

principalement des minicuillers très légères et des petits poissons nageurs. On peut également utiliser des streamers, qui sont en fait des mouches artificielles destinées à imiter les alevins. Ils apportent des résultats très intéressants en été lorsqu'il faut pêcher dans des eaux basses, chaudes et claires. À peine lestés, ils doivent être maniés par petites tirées en traversant les courants et en insistant dans les remous. Le résultat est garanti sur les chevesnes, mais également sur les truites.

• L'action de pêche

Le chevesne est un poisson assez farouche qu'il convient d'approcher avec la plus grande prudence. Le lancer sera le plus discret possible et la récupération assez rapide, car le leurre doit rester actif même lorsqu'il descend le courant. Il est fréquent que les chevesnes suivent le leurre à deux ou trois et qu'ils ne veuillent pas s'en saisir. Au lancer suivant, il faut leur proposer un leurre différent qui les rendra peut-être plus agressifs. Inutile d'insister trop longtemps sur le même poste car les meuniers se calent très rapidement s'ils ont été dérangés.

Lorsque les chevesnes sont bien décidés, les touches et les prises se succéderont à bonne allure. Il faut alors en profiter pour parfaire sa technique et s'exercer par exemple à lancer le microleurre juste derrière un chevesne préalablement repéré. Il sera alors possible de l'observer se retourner avec vivacité et se jeter avec excitation sur l'intrus venu perturber son territoire.

Même s'il est réputé pour être un combattant facile, il ne faut pas prendre à la légère un gros chevesne qui démarre dans un courant. La souplesse de la canne donne cependant des arguments de poids pour contrer ses coups de tête.

Les imitations d'alevins (des streamers), peuvent tenter des chevesnes en profondeur.

Les bons postes

On prospectera bien entendu en remontant le courant afin de se dissimuler aux regards des gros meuniers qui ne manquent pas de patrouiller dans les courants. En l'absence de poissons clairement repérés, une bonne méthode consiste à entrer dans l'eau et à prospecter les veines d'eau qui longent les rives abruptes. Les berges boisées sont généralement bonnes et il ne faudra pas hésiter une seule seconde à propulser son leurre sous les branchages.

La pêche à la mouche

La pêche à la mouche est considérée par beaucoup de pratiquants comme la plus belle des techniques de pêche. En effet, voir un poisson monter en surface et se saisir de l'imitation d'insecte est un instant magique chargé d'émotions. Au fil des années, les techniques et le matériel ont évolué et nombre de poissons peuvent se pêcher à la mouche ou au leurre fouetté. Pour cette technique particulière, un matériel spécifique est nécessaire afin de pêcher dans de bonnes conditions.

L'équipement de base

• Des cannes très spéciales

De nos jours, on trouve un choix très important de cannes à mouche, à tous les prix et adaptées à toutes les techniques. Elles ont toutes en commun une action particulière par rapport aux cannes utilisées pour d'autres modes de pêche. Grâce à une certaine « souplesse », elles permettent, avec l'aide du poids de la soie, de lancer la mouche à l'endroit désiré. À la base de la canne on trouve un porte-moulinet et, juste au-dessus, une poignée pour la tenir. Leur longueur est exprimée en pieds (0,33 m), vestiges d'une tradition anglaise. Une canne à mouche est adaptée à un poids précis de soie, et cette valeur est exprimée par des numéros échelonnés de 0 à 10. Il est extrêmement important de respecter la valeur de poids préconisée par le fabricant, faute de quoi on risque de rencontrer nombre de problèmes au moment du lancer.

Moulinet manuel.

• Les moulinets

Dans l'équipement du pêcheur à la mouche, le moulinet n'a qu'un rôle secondaire car il ne sert en fait que de réserve de soie. On trouve dans le commerce différentes sortes de moulinet :

– Le moulinet manuel : c'est le pêcheur qui, en tournant la manivelle, rembobine la soie. Léger, équipé d'un frein plus ou moins performant, ce type de moulinet est le plus utilisé par les pêcheurs actuels.

– Le moulinet semi-automatique : par un système de friction actionné par le pêcheur au moyen d'un levier, la soie est rembobinée très rapidement sur la bobine. Il remporte un vif succès, mais son prix est assez élevé et ne le met pas à la portée de toutes les bourses.

– Le moulinet automatique : avec ce système, c'est un ressort qui fait tourner la bobine afin d'enrouler la soie. Il est assez lourd et est de moins en moins utilisé.

Moulinet automatique.

• Les soies

Moulinet manuel.

Autrefois fabriquées en soie naturelle, elles sont depuis remplacées par des lignes (autre nom de la soie) synthétiques. L'âme, c'est-à-dire la partie centrale, est en nylon tissé, et elle est enduite de PVC. Ce revêtement dans lequel se trouvent des millions de microbulles lui permet de flotter sans qu'elle graisse. Les soies synthétiques ont pour avantage principal de ne nécessiter que très peu d'entretien. Les soies de pêche à la mouche sont d'une longueur moyenne de 27 m.

On distingue plusieurs types de soie :

– Les soies flottantes : comme leur nom l'indique, elles flottent et elles sont utilisées principalement pour pêcher en mouche sèche.

– Les soies plongeantes : l'absence de microbulles d'air dans le revêtement de la soie et les matériaux employés pour fabriquer l'âme leur donnent une densité plus importante que l'eau, ce qui a pour effet de les faire cou-

Différents types de soies.

ler. Elles sont employées pour pêcher au streamer ou en mouche noyée en grande rivière.

Les soies pour pêcher à la mouche ont différents profils et sont utilisées pour pratiquer dans des conditions précises.

– Soies parallèles : le diamètre de la soie est le même d'un bout à l'autre, elles ne sont presque plus utilisées de nos jours. Elles se révèlent cependant particulièrement utiles pour la mouche noyée.

– Soies à double fuseau (DT) : le diamètre le plus important se trouve au milieu de la longueur de soie et il s'affine progressivement en allant vers les deux pointes. C'est le type de soie le plus employé car le lancer est facile et le posé particulièrement discret.

– Soies à fuseau décalé (WF) : la partie renflée de la soie se trouve décalée vers l'avant, ce qui permet de lancer plus facilement à longue distance. En revanche, le posé est moins discret qu'avec une soie à double fuseau.

• Les mouches

Les mouches artificielles sont des assemblages de plume et de fil de montage fixés à un hameçon. Elles imitent des insectes aquatiques à divers stades de développement. Certaines flottent à la surface à la manière d'un insecte adulte dérivant au fil de l'eau, elles prennent le nom de mouches sèches.

Les poissons « gobeurs » se nourrissent également des larves de ces mêmes insectes, on dit qu'ils prennent des nymphes. Les nymphes sont des mouches plus ou moins lestées pour évoluer à différents niveaux de la couche d'eau.

Il arrive que des insectes, au cours de leur dérive, se noient et soient emportés par le courant. La technique mise en œuvre s'appelle mouche noyée. Les imitations, au nombre de trois sur une même pointe, évoluent sous l'eau mais, contrairement aux nymphes, elles ne sont pas lestées.

Choix important de mouches artificielles chez un détaillant d'articles de pêche.

La truite

Poisson noble et très recherché par le pêcheur, la truite est d'une grande méfiance. Non seulement il conviendra de soigner particulièrement son approche, mais il faudra également présenter sa mouche artificielle d'une manière bien précise pour avoir toutes les chances de succès.

Mouche sèche type palmer.

Mouche sèche fantaisie.

Émergente en cul-de-canard.

Belle truite prise dans une rivière jurassienne.

Imitation d'éphémère.

Le matériel

• Mouche sèche

Pour pêcher correctement la truite en mouche sèche, un matériel passe-partout permet de pratiquer dans toutes les conditions. Une canne de 8 à 9 pieds de longueur, prévue pour soie n° 4 ou n° 5, permettra une action assez douce de type semi-parabolique : le posé sera discret et le risque de casse au ferrage sera bien moindre. Un moulinet semi-automatique rendra de grands services pour récupérer l'excédent de soie et, ainsi, éviter qu'elle ne traîne par terre. Une soie flottante adaptée à la puissance de la canne complétera l'équipement.

Le lancer en revers

Pour débuter en mouche sèche, un assortiment de sedges (nom de l'imitation de trichoptère), de palmers et de petits culs-de-canard, sans oublier quelques araignées, permettra de pêcher en toutes circonstances.

• Mouche noyée

Bien que la pêche soit possible avec une canne d'action classique, une action parabolique sera préférable pour encaisser le choc de la touche et permettra de mieux contrôler la ligne lors de la dérive. Le moulinet choisi pour cette technique devra obligatoirement être manuel, en raison de la douceur de son frein. En petite rivière, on pourra utiliser une soie flottante car la profondeur de pêche ne sera pas importante. En revanche, en grande rivière, une soie plongeante sera préférable. L'idéal pour cette technique est d'utiliser, comme les grands spécialistes de cette pêche, une soie naturelle parallèle. En ce qui concerne le bas de ligne, on peut utiliser un modèle classique sans nœud, mais les bas de ligne tissés autorisent des lancers plus aisés. Le point le plus important concerne la pointe. En raison de la pêche aval, il est impératif d'utiliser un nylon d'un diamètre minimal de 18/100 à 20/100

Bas de ligne du commerce.

Un poisson à l'affût

La truite est un poisson qui se poste sur un courant porteur de nourriture ou à l'affût à proximité d'un obstacle pour attendre ses proies. Elle surveille tout ce qui dérive en surface et, lorsqu'elle repère une proie, elle monte vite et droit et l'engloutit. Une fois sa mission accomplie, elle se replace exactement à son point de départ.

pour éviter la casse à la touche. Par fortes eaux, il vaut mieux monter à 22/100.
En mouche noyée, on utilise trois mouches sur un même bas de ligne, on appelle cela un train de mouches. Il se compose d'une mouche de pointe, placée en bout de ligne et qui est la plus volumineuse. Au milieu, on trouve la mouche intermédiaire, elle a souvent des couleurs vives pour exciter l'agressivité de la truite. La sauteuse est placée en haut du train de mouches et elle dérive près de la surface.

L'action de pêche

• Mouche sèche

La technique de base en mouche sèche est simple : faire dériver au fil du courant une imitation d'insecte le plus naturellement possible. Cette technique se pratique en remontant la rivière de manière à se soustraire à la vue des poissons, qui eux sont toujours postés nez au courant. En pre-

La remise à l'eau d'un beau poisson est un moment inoubliable.

Le choix de la mouche, un moment crucial.

mier lieu, il faut observer la surface de l'eau afin de repérer des insectes dérivants et choisir dans sa boîte à mouches une artificielle s'en approchant le plus possible. Outre la silhouette d'ensemble, les deux éléments déterminants dans le choix d'une mouche sont la taille et la couleur. L'imitation est ensuite fixée à la pointe du bas de ligne. Après avoir repéré les endroits de gobage, on se place à l'aval (au-dessous) de ceux-ci et on lance sa mouche en amont (au-dessus). On laisse dériver tout en récupérant la soie ramenée par le courant avec la main gauche (pour les droitiers). Pour avoir toutes les chances de succès, il faut que l'artificielle dérive exactement à la vitesse du courant car elle provoque un sillage derrière elle appelé dragage. Le dragage est la principale cause de refus d'une truite. Au cours de la dérive de la mouche, surveillez attentivement votre artificielle. À la touche, le ferrage doit être très rapide mais, en raison de la finesse de la pointe de bas de ligne, il doit s'effectuer sans brutalité. Il suffit donc de relever la canne et d'arrêter le mouvement à la prise de contact avec le poisson. Au cours du combat, si le poisson fait un départ, on lui laisse prendre de la soie tout en contrôlant la tension car si du mou se produit dans la ligne la truite risque de se décrocher. Si la touche ne se produit pas au bout de quelques lancers, mieux vaut changer de mouche en adoptant le même modèle mais d'une taille plus petite ou plus grande. Il est inutile d'insister longuement sur chaque poste car, si la dérive de la mouche a été bonne, une truite mord rapidement si elle est en activité alimentaire.

Mouche noyée de pointe.

Les bons postes

Si le niveau de la rivière est haut, recherchez les truites à l'arrière des obstacles qui brisent la force du courant. Par hautes eaux ou par temps fortement ensoleillé, vous pouvez également pêcher en bordure : ce sont des postes de tout premier choix.

• Mouche noyée

C'est un mode de pêche très ancien, elle est même considérée comme l'ancêtre de nos techniques modernes. Elle consiste à présenter aux poissons des imitations de mouche évoluant sous la surface. Si les artificielles sont au nombre de trois sur un bas de ligne, ce n'est pas pour faire un triplet de poisson, mais pour explorer différents niveaux de la couche d'eau. Contrairement à la mouche sèche, la noyée se pratique en descendant la rivière. Après avoir choisi un secteur riche en caches diverses et au courant relativement régulier, on se place en bordure du cours d'eau. La ligne est lancée en aval et dérive dans le courant tout en conservant une certaine tension. Arrivée en fin de dérive, la ligne se rabat le long de la rive en décrivant une large courbe et le train de mouches, tiré par le courant, remonte en direction de la surface. La truite, sentant la proie lui échapper, prend alors la mouche d'une manière très violente. Comme nous venons de le voir, la touche survient souvent en fin de dérive, mais elle peut intervenir à n'importe quel autre moment. Dans la pêche en mouche noyée, il n'y a pas de ferrage : le poisson se pique seul et la main gauche (pour les droitiers) n'intervient pas en action de pêche, n'entrant en jeu qu'au moment du lancer. Si aucune touche ne survient, il faut descendre la rivière de quelques pas et renouveler l'opération en « peignant » chaque poste supposé occupé par une truite.

Sauteuse type.

Train de mouches noyées

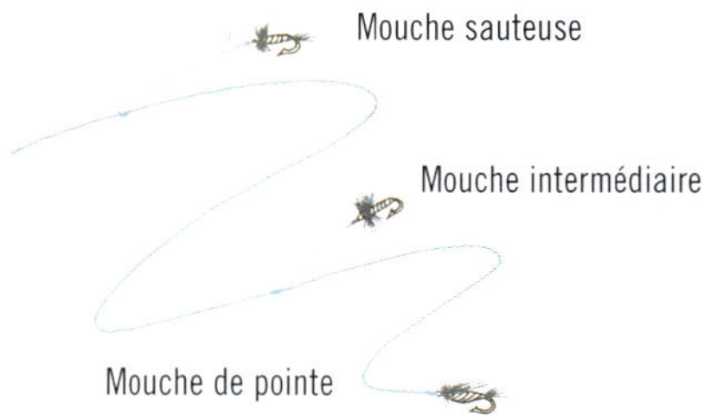

L'ombre

Moins peureux que la truite, l'ombre commun fait toutefois preuve d'une grande méfiance vis-à-vis de ses proies. Il peut se pêcher en mouche noyée, en nymphe mais également, quand les conditions sont favorables, en mouche sèche, qui est une des meilleures techniques pour le leurrer.

Pêche de l'ombre sur la Dordogne, à Argentat.

La pêche de l'ombre commun est pleine de subtilité, et il faut savoir être persévérant.

Le matériel

Pour pêcher l'ombre commun, il est primordial d'avoir une grande précision lors du posé mais, surtout, le ferrage doit être extrêmement rapide. Pour un débutant, une canne d'action semi-parabolique semble être un bon compromis. D'une longueur d'environ 9 pieds, elle doit permettre de lancer une ligne n° 4 ou n° 5. Un moulinet manuel équipé d'un frein doux et progressif sera parfait pour obtenir un bon équilibre canne-moulinet. Une soie à double fuseau permettra un posé en douceur, elle sera complétée par un bas de ligne assez long, terminé par une pointe en 12/100.

Les mouches

En mouche sèche, l'assortiment énuméré pour la truite est tout à fait adapté pour l'ombre avec, en plus, quelques modèles flottants bas sur l'eau type « émergente ». L'ombre commun est un poisson curieux, on peut donc compléter cette collection d'artificielles par quelques mouches fantaisie. Elles ne ressemblent à aucun insecte, mais leurs couleurs vives et brillantes déclenchent souvent l'attaque du poisson.

L'action de pêche

• Mouche sèche

L'ombre commun est un poisson méfiant et, pour avoir toutes les chances de le leurrer, il est important de présenter la mouche sèche avant le bas de ligne. Pour cette raison, à part pour quelques spécialistes, l'ombre commun se pêche toujours en aval du pêcheur. Autre raison de ce positionnement par rapport au poisson, c'est qu'il ne se déplace jamais à gauche ou à droite pour saisir une mouche. Le pêcheur placé en amont du poisson pourra donc poser sa ligne exactement dans l'axe du gobage. Toujours en raison de

UNE TECHNIQUE PARTICULIÈRE

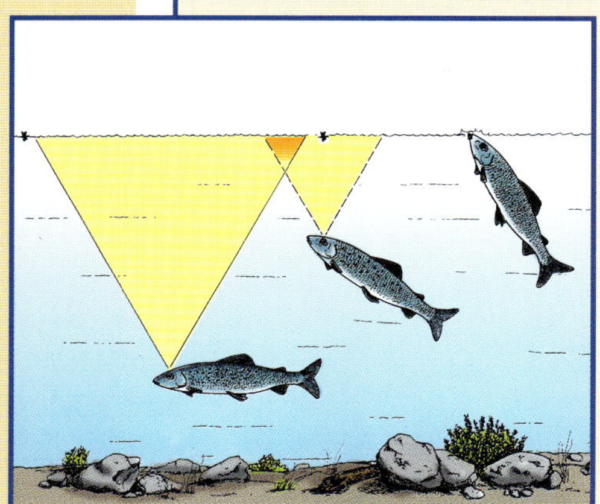

L'ombre commun a une technique particulière pour prendre une mouche sèche en surface, et cela en raison de sa bouche fendue vers le bas. Quand l'insecte entre dans sa fenêtre de vision, il monte vers elle en se laissant porter par le courant dans un mouvement de bascule arrière. Tout en montant vers sa proie, il ne cesse de l'observer pour repérer la moindre anomalie. Quand il se saisit de l'artificielle en surface, il a donc dérivé vers l'aval d'une distance égale à la profondeur de l'eau.

Ce bel ombre récompense les efforts de ce jeune pêcheur.

la grande méfiance de l'ombre, la mouche artificielle doit être posée hors de la fenêtre de vision du poisson et entrer dans cette dernière portée naturellement par le courant. L'ombre commun a une mémoire visuelle très importante et se souvient parfaitement d'une imitation dont la dérive est suspecte. Si la même mouche lui est présentée, mais cette fois avec une dérive correcte, il ne la prendra pas. Donc, en cas de dragage ou de mauvaise dérive, il ne faut pas hésiter à changer de modèle.

• Nymphe

Contrairement à la mouche sèche, en nymphe, l'ombre commun se pêche en amont. La raison en est simple : le poisson étant toujours tapi au fond de la rivière, la nymphe descendra mieux et sera donc plus tentante pour lui. Cette technique peut se pratiquer avec le même matériel que pour la sèche, mis à part le bas de ligne qui gagnera à être tissé. Il faut simplement ajouter une pointe de nylon de 12/100 d'une longueur de 1 m. Avant de débuter l'action de pêche, le bas de ligne tissé sera abondamment graissé, sans en mettre sur la pointe. La prise de la nymphe s'effectuant sous l'eau, c'est lui qui servira d'indicateur de touche. Le lancer s'effectue dans un courant occupé par une troupe d'ombres à une distance d'environ 10 m. On laisse dériver la ligne en récupérant bien l'excédent de soie entraînée par le courant et en surveillant attentivement le bas de ligne tissé. Il faut ferrer à la moindre tirée suspecte, et cela sans retard. En général, la tirée est due à un accrochage de l'imitation au fond, mais à tout moment cela peut être une touche !

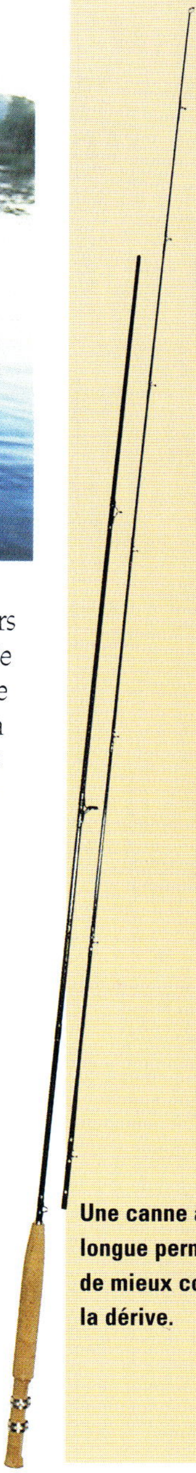

Une canne à mouche longue permet de mieux contrôler la dérive.

Le chevesne

La pêche du chevesne à la mouche est amusante à pratiquer et c'est souvent sur ce poisson que nombre de pêcheurs ont fait leurs premières armes. Certes, ce n'est pas un poisson noble comme la truite ou l'ombre commun, mais il constitue un bon entraînement, propre à développer des qualités de patience et de réflexion.

Un moulinet manuel de base est amplement suffisant pour pêcher les poissons blancs.

Le matériel

La recherche du chevesne à la mouche artificielle ne requiert pas un matériel spécifique. On peut donc opter pour une canne d'action semi-parabolique de 8 à 9 pieds de long, pouvant lancer une soie n° 5. Il faut tout de même veiller à avoir un frein correct et bien réglé pour parer au démarrage d'un gros poisson. Une soie flottante adaptée à la puissance de la canne et un simple bas de ligne sans nœud compléteront l'ensemble.

Les mouches

Le chevesne a une attirance toute particulière pour les insectes terrestres tombés des arbres, la mouche artificielle type pour les leurrer est donc un gros palmer noir à queue rouge. Mis à part ce modèle, toutes les imitations habituellement utilisées pour la truite conviennent à l'appétit d'ogre du chevesne.

L'action de pêche

En règle générale, pour pêcher correctement le chevesne à la mouche, il ne faut pas aller au-devant de lui mais attendre qu'il vienne à vous. Ce

Traque du chevesne en étang.

principe s'applique essentiellement aux beaux poissons, car ils sont les plus craintifs. Pour trouver sa nourriture, il effectue un trajet bien précis. Il faut donc observer attentivement le chemin qu'il prend et se poster dans un secteur propice, de préférence sous le couvert de la végétation, pour attendre un nouveau passage du poisson convoité. Si vous choisissez de vous placer dans le lit de la rivière, postez-vous hors du champ de vision du chevesne. Les gestes brusques sont à éviter au maximum pour ne pas mettre sa méfiance en éveil. Une mouche à chevesne doit toujours être propulsée près de sa queue, l'effet de surprise jouant, il se retourne pour engamer sans prendre le soin d'observer l'artificielle.

L'ablette

La traque de ce petit poisson vif-argent est la meilleure école pour développer les réflexes du ferrage. Plus qu'un amusement, la pêche de l'ablette à la mouche artificielle peut, certains jours fastes, permettre de faire une véritable friture.

• Le matériel

Là encore, un matériel passe-partout comme celui employé pour le chevesne sera largement suffisant. Cependant, en raison de la taille réduite des mouches employées, une pointe de bas de ligne en 8/100 ou 10/100 sera indispensable. Même en 8/100, les risques de casse au ferrage sont minimes vu le poids plume de l'ablette.

• Les mouches

En raison de la petite taille de ce poisson, il ne peut prendre que de tout petits modèles d'artificielles. Les imitations d'éphémère, mais surtout les culs-de-canard montés sur hameçon n° 18 à n° 22 remportent un vif succès auprès de l'ablette. Pour décider ce petit poisson curieux à mordre, on peut utiliser des mouches dont le corps est fabriqué avec des matériaux brillants.

Imitation de moucheron.

La pêche de l'ablette permet de développer les réflexes du pêcheur.

• L'action de pêche

L'ablette est un poisson assez difficile à bien pêcher à la mouche artificielle. La faire mordre n'est pas un problème en soi, mais elle est tellement vive que le ferrage, pour être efficace, doit être instantané. Un emplacement dégagé est nécessaire pour pouvoir lancer en toute sécurité sans risques d'accrochage dans les branches. Les gobages d'ablette, bien que discrets, sont parfaitement visibles sur les eaux calmes. Il ne faut pas chercher à lancer trop loin, au besoin, il est même possible de s'approcher très près de la rive, car ce poisson n'est pas peureux. On lance au milieu du banc et, au moindre gobage, on ferre instantanément.

Le brochet

Une nouveauté dans les techniques de pêche à la mouche, la traque du brochet au fouet remporte un vif succès.

• Le matériel

En raison des leurres volumineux employés pour cette technique et du poids souvent important du poisson recherché, l'emploi d'une canne puissante sera nécessaire. Elle doit pouvoir lancer une soie n° 7 ou n° 8. Choisissez un modèle pas trop long et léger pour éviter la fatigue du poignet au cours de la partie de pêche. Un moulinet manuel équipé d'un bon frein sera nécessaire pour contrer les attaques du poisson. En été, il faut utiliser une soie flottante pour explorer les zones proches de la surface. En revanche, pendant la saison froide, le brochet se poste plus près du fond et une soie à pointe plongeante permettra de faire évoluer le leurre à la bonne

Leurre pour pêcher le brochet au fouet.

profondeur. Le bas de ligne sera composé d'un brin de nylon de 30/100 à 35/100 terminé par un brin de fil en kevlar pour éviter de se faire couper par les dents du carnassier.

Les bas de ligne en acier évitent la section de la ligne par le brochet.

• Les mouches

Elles sont fabriquées pour la plupart en poils afin de résister à la dentition des brochets. Le choix de la couleur des streamers à brochet revêt une certaine importance suivant la saison où l'on pratique.

– Le blanc est surtout employé à l'automne quand la température baisse.

– Le bleu est la couleur la plus prenante en cas de température très basse ou de gel.

– Enfin, le jaune et le vert trouvent toute leur utilité en été.

En cas de refus du poisson, utilisez des leurres fabriqués en matériaux brillants et de couleur vive pour déclencher l'attaque. Il ne faut pas non plus négliger le rouge et le noir, prenants en toutes saisons.

Imitation de poissonnet.

• L'action de pêche

Le brochet est un poisson qui chasse à l'affût en se postant partout où il peut se dissimuler (herbiers, souches, etc.). On lance la ligne à proximité d'un poste supposé occupé par un poisson et on entame une récupération saccadée, entrecoupée de courts relâchers. Le leurre doit imiter un poisson malade cherchant à fuir. Pour réussir, il faut lancer le plus près possible du poste, le brochet ne se déplaçant que sur de courtes distances pour attaquer.

Le black-bass

La pêche du black-bass au fouet nous vient de son pays d'origine, les États-Unis, où il abonde dans de nombreux plans d'eau. Au fouet, ce carnassier peut être pêché au classique popper, inventé par les Américains, au streamer mais aussi en sèche, à l'aide d'imitations réalistes d'insectes tels que les sedges ou les libellules.

Le backing est utile sur les plans d'eau peuplés de gros sujets.

• Le matériel

Certains sujets de notre pays peuvent atteindre des tailles respectables et il est judicieux d'employer un matériel adapté, d'autant que la densité et le poids des leurres proposés sont souvent élevés. Mieux vaut laisser sa canne pour pêcher la truite car le nerf risquerait d'être irrémédiablement endommagé. Une canne de 9 pieds prévue pour lancer avec une soie n° 6 ou n° 7 sera une bien meilleure solution. Une action de pointe vous permettra d'atteindre une bonne distance de pêche. Pour la pêche au popper, l'utilisation d'une soie flottante est primordiale car le leurre travaille en surface. En revanche, pour la pêche au streamer, une soie plongeante donnera de meilleurs résultats si les eaux sont profondes.

• Les « mouches »

Imitation de grenouille.

– Les poppers : sortes de leurres flottants imitant vaguement une grenouille, venus des États-Unis, composés d'un corps fabriqué en balsa ou en poils creux de cervidé et d'une queue en plumes. Les couleurs de ces leurres sont chatoyantes pour exciter l'agressivité du poisson. Ils peuvent également être agrémentés de pattes en caoutchouc, ce qui les rend encore plus prenants.

– Les streamers : ces leurres sont fabriqués en plumes et en poils de couleurs vives de manière à déclencher l'attaque du black-bass. Ils imitent souvent des alevins, mais aussi – et surtout – des écrevisses.

– Les mouches sèches : parfois, au cœur de l'été, le black-bass ne concentre sa prédation que sur certains insectes tels que les demoiselles (libellules) et les sedges.

• L'action de pêche

Le black-bass au popper se pratique essentiellement à la belle saison, période où il chasse près de la surface. Piqué au bout de la ligne, sa défense est fougueuse, ponctuée de nombreux sauts. L'action de pêche est simple : il faut lancer en laissant la ligne se déployer parfaitement à l'avant et à l'arrière, le tout dans un geste souple et coulé. Lors du « shoot » final, le mouvement doit être un peu forcé, sans trop de brutalité, pour que le leurre soit propulsé à bonne distance. Une fois le leurre posé, tendez la ligne, attendez un instant, et entamez une récupération faite de quelques tirées sèches et courtes entrecoupées de

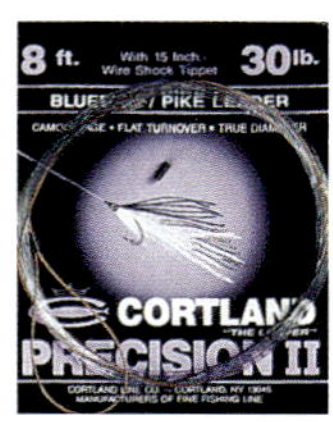

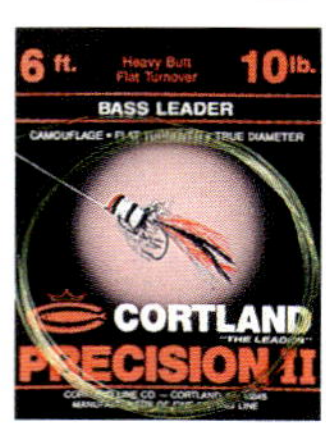

Bas de ligne du commerce, adaptés à la pêche avec de gros leurres.

moments d'immobilité du leurre. C'est souvent dans cette période de relâcher que le poisson attaque le leurre. De par la forme de l'avant du popper, les petites tirées soulèvent une vaguelette et émettent un bruit caractéristique de « ploc », d'où le nom de popper. La touche en surface sur un popper est brutale et le ferrage doit donc être ample pour bien faire pénétrer l'hameçon dans la gueule du poisson.

La pêche du black-bass à la mouche se pratique surtout en été.

Glossaire

Amorce : L'amorce est un mélange d'ingrédients assemblés en boules ou en plaquettes et lancé à l'eau par le pêcheur, afin d'attirer et de maintenir le poisson dans un endroit choisi.

Asticot : L'asticot est un appât très utilisé par les pêcheurs. Il est très facile d'emploi et l'on en trouve chez tous les détaillants spécialisés. L'asticot est la larve de la mouche bleue. Le gozzer est un asticot très tendre prisé de tous les poissons blancs. Il provient d'une mouche brillante qui pond dans l'obscurité. Le pinkie est un petit asticot remuant issu de la mouche verte. Il s'emploie à la fois comme esche et dans l'amorce.

Bannière : Partie non immergée de la ligne.

Bolognaise : La pêche « à la bolognaise » et la canne du même nom sont originaires d'Italie. C'est l'une des méthodes de base des pêcheurs transalpins qui l'utilisent dans leurs eaux pour pêcher carassins, chevesnes et scardolas (sorte de rotengle). La pêche à la bolognaise est une technique employée dans le courant rapide à l'aide d'une longue canne à anneaux (5 à 7 m).

Bourriche : Filet en métal ou en nylon destiné à conserver le poisson vivant. Les bourriches en nylon permettent d'éviter l'écaillage spontané des poissons fragiles comme l'ablette. Elles sont tout indiquées lorsque le pêcheur prend des poissons destinés à servir de vifs ou s'il veut relâcher ses proies après la partie de pêche.

Coupelle : Ce petit instrument est très employé par nos voisins d'outre-Manche. Il consiste à fixer sur le scion ou le porte-scion un petit godet rempli d'amorce ou d'esches. Par rotation de la canne, le contenu de la coupelle se déverse avec précision sur le coup sans effrayer le poisson.

Émerillon : Ustensile métallique destiné à empêcher le vrillage dû au leurre. Les émerillons servent aussi à relier deux (ou trois) nylons de diamètre différent. Ils offrent alors un montage très solide.

Esche : L'esche est l'amorce fixée par le pêcheur sur l'hameçon. On distingue les esches d'origine animale, tels que les vers, les larves diverses, et les esches d'origine végétale, comme les graines ou les pâtes.

Feeder : C'est le nom anglais donné à l'amorçoir. D'où l'expression pêche ou canne au feeder. Les amorçoirs sont de différentes formes, plats ou cylindriques. Certains sont destinés à l'amorce, d'autres à l'utilisation d'esches vivantes.

Ferrage : Traction plus ou moins sèche effectuée par le pêcheur sur la ligne lors d'une touche, de façon à assurer la pénétration de l'hameçon dans la gueule du poisson.

Flotteur : Le flotteur joue un rôle des plus importants dans la pêche au coup. Sa fonction est double : soutenir l'esche à la profondeur souhaitée et avertir le pêcheur de la touche.

Fouillis : Le fouillis est un amalgame de vers grouillants de couleur rubis. Larves de divers chironomes, le fouillis est un véritable aimant à poissons. Il est indispensable aux pêcheurs de compétition. Il s'utilise dans l'amorce dont il renforce considérablement l'attrait.

Moulinet capoté : C'est un modèle de moulinet très utilisé pour les pêches à la plombée, à l'anglaise et à la bolognaise. La bobine sur lequel est enroulé le nylon est protégée par un capot. Pour libérer le nylon, il suffit d'appuyer sur un bouton-poussoir situé sur l'avant du moulinet.

Nymphe : En termes de pêcheur, les nymphes sont des imitations de larves qui constituent la majeure partie de l'alimentation de certains poissons (ombres, truites). En biologie, la nymphe désigne le stade de transition assurant le passage de la forme larvaire à la forme adulte chez certains insectes (mouches, moustiques, phryganes...).

Olive : Plomb de forme oblongue utilisé principalement en pêche au coup.

Petite bête : Larve du grand éphémère. Elle se récolte en tamisant les fonds de vase et de sable mêlés, le long des rives.

Power-gum : Matière élastique mais suffisamment rigide et résistante pour servir à confectionner des potences à la plombée.

Quiver-tip : Il s'agit d'un scion additionnel, fixé au moyen d'un filetage à l'anneau de tête de la canne. Le quiver-tip est de couleur vive. Son rôle est de signaler les touches dans les pêches fines.

Rigoletto : Indicateur de touches constitué d'une petite boule de polystyrène colorée utilisée dans la pêche au toc.

Run-clip : Petite bague en plastique munie d'un ergot sous lequel on pince le nylon à la sortie du moulinet lorsqu'on pêche à la canne posée. Le run-clip s'installe sur la poignée de la canne.

Scion : Le scion est le brin le plus fin de la canne à pêche.

Stop-flotteur : Ou stop-float. Petite butée en caoutchouc, intercalée entre le bas de ligne et un flotteur coulissant. Il permet de changer instantanément la profondeur de pêche.

Streamer : Imitation faite de plumes d'un alevin ou d'un poissonnet. Les streamers sont des leurres à lancer ultra-léger et conviennent parfaitement à la pêche à la mouche.

Thalassotoque : Un poisson thalassotoque est un migrateur qui pond en mer et vit en rivière. C'est le cas de l'anguille. La reproduction de l'anguille reste encore à l'heure actuelle un mystère.

Touche : Signe traduisant la prise d'une esche ou d'un leurre par un poisson. Il peut aussi bien s'agir de l'enfoncement d'un flotteur que de la brutale tirée sur la ligne en pêchant à la cuiller ou à la mouche noyée.

Waggler : Le waggler est le flotteur de base employé pour la pêche au moulinet, encore appelée pêche à l'anglaise. La particularité du waggler est son mode de fixation, qui se fait uniquement par la base. Cela permet de noyer la bannière et d'éviter qu'elle ne soit soumise au vent et au courant.

Index

Les chiffres en **gras** renvoient aux parties qui traitent plus largement du sujet.

Crédits phtographiques

André/NATURE : 98 b - **Berthoule/NATURE :** 10 hg, 13 h, 28 h, 32 h, 37 b, 41 h, 80 mg, 93 b, 107, 111 b, 115 bg - **Buttin/NATURE :** 74 g, 75 b, 114 b, 117 - **Chaumeton-Lanceau/NATURE :** 12 mh - **Chaumeton/NATURE :** 5 mg, 10 b, 10 hd, 11 b, 11 md, 11 mg, 12 bd, 12 bg, 12 hd, 12 hg, 13 mbg, 14 bd, 14 bg, 21 d, 21 g, 21 md, 21 mg, 26, 27 b, 27 h, 28 b, 30 h, 32 b, 33, 34, 35 b, 36, 37 h, 38 h, 39 b, 40 b, 42 b, 42 h, 42 mb, 42 mh, 43 b, 52 h, 53 m, 55 h, 56 h, 58 b, 63 h, 67 m, 69 h, 74 d, 76 hd, 81, 99 m, 101 m, 106 h, 125 h, 126 h, 138 mg - **Cortay :** 97 b - **Courdot :** 13 mhd - **Daïwa France :** 115 bd, 119 h - **Dam France :** 72 b, 75 h, 83 b, 95 b - **Ducloux :** 126 b, 130 h, 131 b, 132, 136 b - **Durantel/NATURE :** 31, 45 h, 47, 48-49, 58 h, 64 h, 65 b, 70-71, 72 h, 73 m, 84, 85 h, 86 b, 87 mb, 88 b, 89 b, 89 h, 90, 94, 97 hg, 98 h, 106 b, 108, 110 b, 118 b, 120 b, 123 h, 135 h, 136 h - **Ferrero/NATURE :** 30 b - **Garbolino :** 85 m - **Grospas :** 41 b - **Guillotte/NATURE :** 51 b, 53 h, 55 b, 55 mb, 59 h, 61 b, 62, 64 b, 66 b, 66 h, 67 b, 87 mm, 91 b, 99 b, 99 h, 100 b, 100 h, 101 b, 102 h, 103 b, 105 h - **Houdou/NATURE :** 44, 45 b, 46, 73 bg, 78 m, 87 m, 88 h - **Huin/NATURE :** 40 h - **Labat/NATURE :** 43 h - **LOSANGE :** 6, 38 b, 86 mbd, 86 mbg, 86 mh, 86 mmd, 86 mmg, 87 mh, 88 mbg, 88 mhg, 110 h, 111 h, 111 m, 113 mb, 113 mhd, 118 mb, 118 mh, 121 b, 122, 123 b, 123 mb, 127 bd, 127 hd, 127 hg, 128 b, 128 h, 130, 131 h, 134 m, 135 b, 135 mh, 137 h, 137 mb, 137 mh, 138 hg - **Magnan/NATURE :** 7, 16-17, 50, 51 h, 52 b, 53 b, 54 b, 54 h, 55 mh, 56 b, 57, 59 b, 59 m, 60 h, 61 h, 63 b, 67 h, 68 h, 73 h, 75 m, 76 bg, 77 b, 77 h, 78 b, 78 h, 79 b, 80 b, 80 h, 82 b, 83 h, 89 m, 95 h, 96 b, 96 m, 97 hd, 102 b, 104 h, 105 b, 109 h, 112 b, 112 h, 113 b, 113 hg, 114 h, 116 h, 118 h, 119 b, 121 h, 124, 127 bg, 129, 133, 134 b, 137 b, 139 - **Mayet/NATURE :** 40 m - **Mitchell :** 109 b, 123 mh - **NATURE :** 12 mb, 41 m - **Polese/NATURE :** 82 h - **Prevot/NATURE :** 38 m, 39 h, 93 h - **Quéro/IFREMER :** 10 m, 11 h, 105 m – **Ragot S.A. :** 114 m, 115 h, 116 b, 120 mb, 120 mh, 138 bd - **Sauer/NATURE :** 35 h, 43 m, 92 – **Sensas S.A. :** 69 b, 70 b, 85 b, 96 h, 97 m, 104 b - **Water Queen :** 87 hg.